简单的力量

引向教育幸福的60个实践智慧

戴曙光 著

大夏书系 | 教师专业发展

华东师范大学出版社
·上海·

目 录

序一　教育大道亦至简　*1*
序二　简单里蕴真知　*5*
前　言　*9*

上　编
反思的力量：把学生管理做简单

是否对学生管得太多

1. 相信的智慧：找到教室，不用担心　*4*
2. "无为"的智慧：优质服务，以少胜多　*7*
3. 解放的智慧：安全路队，并非有序　*12*
4. 变通的智慧：有些规矩，并不合理　*16*

是否对学生管得太紧

1. 突破的智慧：教室门的锁，可以去掉　*20*
2. 创新的智慧：图书馆的门，可以开放　*24*
3. 疏导的智慧：校园里的网，可以上线　*29*
4. 改变的智慧：器材室的球，可以自取　*32*

是否对学生要求太高

1. 关怀的智慧：破除规矩，以生为贵 36
2. 关爱的智慧：自带零食，吃出健康 39
3. 理解的智慧：学生犯错，不要心急 42
4. 具体的智慧：习惯要求，要接"地气" 46

是否对学生管得太"旧"

1. 规则的智慧：学生站队，有新招 51
2. 参与的智慧：机会均等，有办法 54
3. 信任的智慧：厕纸滥用，不"戴帽" 58
4. 呵护的智慧：童心玩耍，不用管 61

是否对学生管得太"硬"

1. 探究的智慧："问题学生"，对症下"药" 64
2. 转化的智慧：改变学生，随机应变 67
3. 悦纳的智慧：特殊学生，一样的爱 70
4. 影响的智慧：学校大厅，温馨文明 74

中 编

本质的力量：把专业提升做简单

教学管理，没那么复杂

1. 务实的智慧：静下来，做真事 *80*
2. 选择的智慧：管住胃，吃出味 *83*
3. 怀疑的智慧：做工作，不折腾 *87*
4. 服务智慧：简单事，大影响 *90*

专业提升，就那么点事

1. 关系的智慧：搞定"三个人" *95*
2. 综合的智慧：补上阅读课 *98*
3. 改良的智慧：爱上教师会 *101*
4. 支持的智慧：搭建新"阶梯" *104*

学校制度，不用太僵硬

1. 弹性的智慧：考勤，也要有温度　**110**
2. 引导的智慧：上课，也要讲健康　**113**
3. 过程的智慧：教案，也要有弹性　**117**
4. 陪伴的智慧：课间，也要有运动　**120**

课堂教学，这样来转型

1. 重构的智慧：低效课堂，如此相似　**124**
2. 方向的智慧：好课标准，这样确定　**128**
3. 追问的智慧：课堂文化，重新建构　**132**
4. 合作的智慧：学习小组，可以激活　**137**

教学常规，可以更精到

1. 扬长的智慧：教学岗位，这么定　**142**
2. 整合的智慧：作业管控，这么控　**146**
3. 体验的智慧：考试管理，这么管　**150**
4. 包容的智慧：小组座位，这么摆　**153**

下 编

导向的力量：把家校协同做简单

家长作用，不容小视

1. 协同的智慧：家教"6.0"，行动"六个一" *160*
2. 借力的智慧：一张"名片"，一群家长 *164*
3. 借智的智慧：一个信箱，多个"锦囊" *167*
4. 治本的智慧：一个微课，力量强大 *170*

家长"换脑"，真有必要

1. 管教的智慧：学校办好，家长重要 *174*
2. 调研的智慧：一场风波，思想解放 *178*
3. 学习的智慧：持"证"上岗，提高质量 *181*
4. 传播的智慧：宣传课堂，深入心坎 *184*

家校关系，不能对立

1. 沟通的智慧："三角关系"，过于复杂 **189**
2. 用法的智慧：出现舆情，不要慌张 **192**
3. 兼容的智慧：危机处理，简单明了 **195**
4. 还原的智慧：家校沟通，心中有人 **198**

家教要求，不要太高

1. 传递的智慧：早起一问好，回家一拥抱 **202**
2. 生本的智慧：少送 100 米，言传又身教 **205**
3. 分享的智慧：请教 10 分钟，助学更轻松 **208**
4. 劳动的智慧：分派家务活，自立在其中 **211**

家校协同，精准高效

1. 负责的智慧：在家吃早餐，安全又健康 **217**
2. 润泽的智慧：共读一本书，幸福全家人 **221**
3. 成全的智慧：孩子有成长，家校共携手 **225**
4. "吃苦"的智慧：虚拟世界恼，现实体验好 **229**

附录　关于本书的部分评论 **235**

后　记 **241**

序 一
教育大道亦至简

戴曙光校长是一位爱追问的校长，他当数学教师时就有这样的追问：数学，究竟教什么？学生，究竟怎么学？数学，究竟怎么教？这一问，就"问"出了一本《数学，究竟怎么教》的书，我为这本书写了《在追问中悟道》的序。

写序之前，戴老师赠我《简单教数学》，这是他的第一本书，这本书让我感受到大道至简之境界；而《数学，究竟怎么教》这本书，让我感受到问道至极之境界。

序结尾处，我写了这样一些文字：

说到境界，多曰"三重"。此时，我们已经感受到戴老师数学教育的"二重境界"了，也许过不了多久，戴老师的第三本新著，将带领我们走进数学教育的第"三重境界"。

我们期盼着……

一次出差讲学途中，我收到戴校长发来的书稿《简单的力量——引向教育幸福的60个实践智慧》。一看到那新颖的目录，我就在动车上迫不及待地读起来。啊，这就是我期盼的"三重境界"，这是一个超越数学教育，走向学校教育的大境界！

这本书也是追问出来的，第一问：学校为谁而办，教师为谁而教，学生为谁而学？第二问：教育到底是什么？第三问：培养什么样的学生？

戴校长不仅仅是追问，更多的是调研、反思、深思、创新，他再一次悟道了：把校训、理念、目标设计得简简单单、通俗易懂，把学校办得简单，学校就不简单！

"简单"的背后，是一种教育情怀。你看，那五个"是否"之问：是否对学生管得太多？是否对学生管得太紧？是否对学生要求太高？是否对学生管得太"旧"？是否对学生管得太"硬"？有深厚的情感，有广阔的胸怀，才能反思出"把学生管理做简单"！

"简单"的背后，是一种教育智慧。你看，突破的智慧：教室门的锁，可以去掉；创新的智慧：图书馆的门，可以开放；疏导的智慧：校园里的网，可以上线；改变的智慧：器材室的球，可以自取。你再看，你就会看到引向教育幸福的60个实践智慧。

"简单"的背后，是一种教育本真。教育本真，应该是关注学生的真实感受和真实生活，追求教育的真实性和有效性。你看，"学生犯错，不要心急"；"课间，也要有运动"；"早起一问好，回家一拥抱"……这就是以人为"本"，这就是求是求真。

"简单"的背后，是一种教育勇气。教育之事，过于理想则难以行走，没有理想则行之不远。当教育理想遭遇教育现实挑战时，就需要我们有勇气、智慧、坚守和境界。把"广难杂变"的教育之事"简单"做，还要做出"不简单"，首先需要的是勇气！

其实，基于智慧的"简单"教育，既是一种教育思想，又是一种教育艺术，也许更像一种符合学校发展规律和师生成长规律的教育，也是教育科学化、最优化和人性化的一种推进模式。

教育之道，道在何处？这本书告诉我们，大道至简！

"简单"的教育之道，是一种大气度，更是一种大智慧！

（任勇，厦门市教育局原副局长、巡视员，曾任厦门双十中学副校长、厦门一中校长，数学特级教师，享受国务院政府特殊津贴专家，获评"中国当代教育名家"称号）

序 二
简单里蕴真知

很高兴戴曙光校长又一力作面世,从《简单教数学》到《简单的力量——引向教育幸福的60个实践智慧》,从数学学科教学到一所学校的治理,戴曙光校长"简单"的教育思想一以贯之,大道至简,书中60个故事,处处闪耀着"简单"的思想光芒,既展现了一个教育工作者贴地行走的实践智慧,也让我们看到一个永远在思考的状态中做教育的校长对教育的深刻洞见。

穿行在教育概念的丛林中,我们经常被各种新理论、新方法迷惑,我们寄希望于找到更好的教育模式、更有效的教育技术来改变教育的样态。然而,当我们沉浸于各种复杂的教育理念和技术时,却往往忽视了教育的本质——它应该是简单而纯粹的,直指人心,影响未来。戴曙光校长是一个有想法、善研究的办学者,执掌厦门市海沧区教师进修学校附属学校(以下简称"进修附校"),作为一所九年一贯制学校的创校校长,温和而坚定,见微知著,一点一点地研究,一寸一寸地进步,执着地践行"简单"的教育思想,学校越办越好,简单迸发出了巨大的力量。

《简单的力量——引向教育幸福的60个实践智慧》不仅仅是一本书,它是戴校长多年教育实践的结晶,是他对教育本质深入思考的具体呈现。从数学老师到校长,戴校长一直在探索和实践着"简单"的教育理念。他相信,教育不需要过多的华丽装饰和复杂技巧,只需要回归本真,用心用情去感受、去思考、去实践。

在这本书中,戴校长分享了他对学校管理的独到见解和实践经验。他提出了"教育即影响"的办学理念,强调了师生关系在教育中的重要性。他认为,教育的本质就是教师和学生之间的相互影响,共同成长。因此,他致力于营造一个简单而纯粹的教育环境,让学生、家长和老师都能在这个环境中自由呼吸、茁壮成长。

书中还详细阐述了戴校长关于学生培养目标的理解和实践。他提出了"身体好,能力强,品位高"的培养目标,将这三个方面作为教育的核心要素,贯穿于学校教育的各个环节之中。他相信,只有这样的教育才能真正培养出具有健康体魄、高尚品格和卓越能力的人才,为国家的未来发展贡献力量。

此外,戴校长还分享了他在学校管理中的一些具体做法和心得。他强调,学校管理要做"减法",减少不必要的负担和压力,让教师和学生都能更加专注于学习和成长。同时,他也注重做"加法",通过优化课程设置、改进教学方法、加强家校合作等方式,提高教育的质量和效果。

感谢戴曙光校长将自己的实践和思考凝结成文字,为我们呈现了这样一本深入浅出、富有智慧的教育著作。读完《简单的力量——引向教育幸福的60个实践智慧》我深受启发，它让我重新审视了自己对教育的理解和认识，也让我对"进修附校"的未来更具信心。我相信，《简单的力量——引向教育幸福的60个实践智慧》将会给予教育者深刻启示，只要我们用心去发现、去探寻、去研究、去改变，就一定能够创造出属于自己的"简单"教育之路。

简单里蕴藏着真知灼见。谨以此序，向本书致敬！

（孙民云，厦门市海沧区教育工委书记、区教育局局长）

前言

当数学老师时,我写了一本专著《简单教数学》,受到一些数学老师的欢迎,这说明"简单"教学的理念得到了大家的认可。受此启发,当了校长之后,我也想办一所"简单"却又"不简单"的学校。

初入职当老师时,我想法很简单:不就是备好课、上好课、改好作业,把学生教育好吗?

教了一段时间后,我才发现,当老师没有那么简单,当好老师就更没那么简单了。

当学校中层时,我觉得工作得到肯定,可以为学校多做点事,决心把自己岗位上的工作做好,但总有做不完的事、干不完的活,可见当中层也没有那么简单。

当了副校长,协助校长分管教学工作,我目睹当正职校长的不易,曾调侃说:我们校长是什么?是开会的"工具",三天两头都是会;是迎检的"工具",大量时间忙迎检,哪个名头都重要;是签字的"工具",每一笔钱的支出都是"一支笔",签字就是负责任;是应诉的"工具",家长的投诉都得认真对待,有些还真是棘手，耗费了许多精力……

当校长不简单，办好一所学校更不简单！

没想到，2017年2月，自己也当上了校长。

当上校长，压力随之而来。一所学校交给我，我岂能把它办砸了！

如何办好一所学校？这个问题在我脑子里一直盘旋，挥之不去。

学校为谁而办？教师为谁而教？学生为谁而学？我首先要回答这三个问题。

第一个问题早就有了答案，"为党育人，为国育才"是所有学校的职责。

第二个问题其实也有答案，教育要面向未来，教师为学生的未来而教，也就是为国家的未来而教。

第三个问题再简单不过了，学生探究未知，形成能力，提高素养，成为国家未来的建设者和接班人。

这样，"为未来而教，为未知而学"就成为学校的办学宗旨，也可以说是校训。

其次，要告诉学校里的每一个人：教育到底是什么。

教育的本质是师生关系，他们相互影响，共同成长。因此，"教育即影响"就成为学校的办学理念，提高教育质量，就是提高学校的影响力。

教育即影响，有物理环境的影响和人文环境的影响。物理环境的影响就是要把校园建设成为学生学习的理想之地；人文环境的影响主要是"三个人"之间的相互关系，让"三个人"

共同成长。

这"三个人"就是学生、家长和老师。简单而言，学校的工作就是做好"三个人"的工作，促进"三个人"的发展，因为这"三个人"的齐心协力、团结合作才能成就一所好学校。

最后，必须明确：培养什么样的学生。

有一次全校教师会，我们做了一个有趣的问卷：没有结婚的老师，择偶标准写三个；结婚的老师，未来儿媳或女婿的标准也写三个。全校200多位教师的答案中，出现了三个高频语汇，也就是三个标准：身体要好，能力要强，品位要高。

我们就把"身体好，能力强，品位高"作为学生的培养目标。该目标简简单单，朗朗上口，被视为2016年教育部颁布的"三个方面、六大素养、十八个基本要点"核心素养的"浓缩版"。

校训、理念、目标的设计简简单单、通俗易懂。

对，把学校办得简单而不简单！

减轻学生的负担，又要提高学习的质量，就要把学生不必要的负担减下来；减轻教师的负担，又要提高教学的质量，就要把教师不必要的负担减下来；要减轻家长的负担，又要提高家教的质量，就要把家长不必要的负担减下来……把不必要的负担减下来，学校管理就要做"减法"，把办学质量提上去，又要做"加法"，这是一个难题。

"进修附校"办学七年，一直在研究学生的一日生活，让学生的学习生活过得丰富一点、丰满一点、丰硕一点；一直在研究学校课程的建设，让教学内容更多样一点、系统一点、全面一点；一直在研究课堂教学的改进，让课堂教学简单一点、有趣一点、有效一点；一直在研究学校的管理，让管理更直接一点、高效一点、人文一点……

通过几年的办学实践，我赫然发现：学校管理做了许多"减法"，无形中完成了许多的"加法题"，减轻学生的过重负担，学生身体更好了，动手能力更强了，学生的品位更高了；减轻教师的过重负担，教学工作更安心了，教学研究更用心了，教育质量更放心了；减轻家长的过重负担，家庭教育更专业了，亲子关系更密切了，家校配合更到位了。

原来，把学校办简单，竟然会迸发出一股强大的力量！

戴曙光

2024年3月于厦门

上 编

反思的力量：
把学生管理做简单

是否对学生管得太多

1. 相信的智慧：找到教室，不用担心

一年级新生报到的第一堂课把老师们忙坏了。

学校出动几十名老师和高年级学生高举班牌，三步一岗，五步一哨，指引一拨又一拨的新生到本班教室。然后，班主任对学生进行常规教育。

每年的新生报到，学校接待大厅总是挤满家长、老师和做志愿服务的学生，热闹非凡、人声鼎沸。整个接送过程耗费两三个小时。大家都觉得很忙、很累。

为什么要出动那么多的老师和学生帮助新生来校报到呢？一切为了孩子，为了让孩子能顺利地找到自己的教室，成本再高，也值！

新学年的新生比往年增加了一倍，学校老师在研究怎么样做好新生入学报到工作。如果按往年的做法，学校门口和大厅肯定会被挤爆，动用的老师和学生也要增加一倍。

唉，如果孩子自己能找到自己的教室，该多好呀！

是啊！学生能不能自己找到教室？以往从来没认真想过这个问题，如果想过，也会认定学生是不能找到自己的教室的，因为

他们还小。

这就是我们成年人的思维。

如果学生能找到自己的教室，为什么不让学生自己找呢？非得动用那么多老师和学生牵着他们走进教室？

难怪第二天上学，没有老师和高年级学生牵的时候，许多学生就找不到教室了。

数学课本中每个年级都有"确定位置"的内容，这不就是活生生的教材吗？让学生自己找教室，值得一试。

为此，学部做了小改革：新生入校前就召开了家长会，其中一个议题是"上好第一课，帮助孩子自己找到教室"。校门口贴了一幅醒目的标语：让孩子自己找教室。摆张桌子，上面放了一些校园教室分布图，提供给家长为孩子指路用，家长不进校园；安排几个高年级的志愿者站在几个关键岗位，供"迷路"的孩子问路，以确保孩子的安全；班主任在教室门口欢迎学生。

学生真的能"确定位置"，找到自己的教室吗？

8月31日下午，只见家长在校门口很是着急，生怕自己的孩子会"迷路"：

"孩子，别怕，进校门往右走，找到A幢楼第二个教室……"

"进校门往右走，找到一（6）班教室，找不到的话，问披彩带的大哥哥大姐姐。"

……

有些家长教孩子学看教室分布图，鼓励孩子勇敢尝试。

个别爷爷奶奶心疼"小宝贝"，强烈要求进入校园，亲自送"小宝贝"到教室。为了教育活动的落实，值班老师悄悄跟爷爷奶奶说:"相信孩子,让他自己找教室,我会悄悄跟在孩子后面,看他进教室。"

孩子们兴高采烈,背着小书包,一溜小跑地进了学校,与家长的心态形成强烈反差。

大厅里没有了往日的拥挤,孩子们分散在各个地方,去寻找自己的教室。一会儿工夫,学部主任到校门口告知家长:孩子们太棒了!他们全部找到了自己的教室。

这时,家长们紧张的心情才放松下来,露出了别样的笑容。

新生报到的结果是一样的,学生都找到了自己的教室,但过程却不一样:以往的报到是动用了许多老师与老生把一个个学生领到教室,而这一次是学生根据教室分布图、问路,自己找到了教室。

不同的过程,不同的想法。前一种做法是认定孩子找不到教室,后一种做法是相信孩子能找到教室。

事实摆在眼前:孩子真的能"确定位置",找到自己的教室。

新生报到找教室发生的变化,引发了我的追问:我们是不是对学生管得太多了?也给了我启发:教育是可能性的艺术,每个学生都有无限的可能,教育的价值恰恰在于发现学生的潜能,并想方设法激发他们的潜能,即发现天生不同,成就与众不同!

2. "无为"的智慧：优质服务，以少胜多

某地一所学校的校训是：教育即服务。我们是否可以这样理解：老师是服务者，是为学生服务的？

酒店的服务员为住客提供服务，让客人享受贵宾待遇；飞机上的服务更是周到，让乘客享受最优质的服务；而老师服务学生，为学生包办一切的服务，是不是最优质的服务呢？

学校里的卫生工作足以说明这个问题。

每次有外宾来访，他们都会问我们同样的一个问题：你们校园里看不到垃圾桶，垃圾到哪儿去了？

是啊！全校 4000 多名学生，怎么可能没有垃圾？

看不到垃圾桶，校园里又那么干净整洁，是怎么做到的？

我开玩笑说：把垃圾桶去掉后，垃圾就没了。

传统思维是：要让垃圾不落地，就要多设垃圾桶，有了垃圾桶，垃圾就有地方放。为了方便扔垃圾，垃圾桶的布点要多一些。

现实结果是：无论摆放多少垃圾桶，地面上、垃圾桶周边草丛里，都会散落着垃圾，每天要组织老师与学生清理，耗费许多

人力与财力成本。

课堂上，孩子们撕下的作业纸揉成团往后扔的"甩锅"现象屡见不鲜，因为有保洁阿姨为他们"背锅"服务。

如果不提供"背锅"服务，把垃圾桶撤掉，学生的垃圾又该如何处理呢？

我们对校园垃圾来源做了一番调查：垃圾是从哪里来的？主要有哪几类？

校园里有直饮水，不会有人带矿泉水，就不会有矿泉水瓶，那么校园里主要的垃圾是学生撕弃的纸张。如果每个人扔一张纸，全校就会有几千张纸，校园里摆放再多的垃圾桶也不能满足需求。

全校一共有八幢楼，每幢楼平均有五层，每层都有垃圾桶，每个人都往垃圾桶里扔垃圾，保洁阿姨的工作负担可想而知。何况，摆放垃圾桶的地方，往往容易垃圾成堆。

如果校园里的每一个人都能不扔纸屑，每个人自己处理自己的纸屑垃圾，垃圾问题不就很简单了吗？

于是，学校放出了一个"狠招"：校园里除了在初中和小学部各设置一个垃圾分类收集点外，其他地方一律不摆放垃圾桶，谁制造的垃圾谁处理。

那么，怎么引导孩子们不制造或少制造垃圾呢？

首先，要研究学生是怎么制造纸屑垃圾的。一是学生做完的作业纸没有收集与整理，直接当垃圾处理了；二是学生做错了题，为了让作业"好看"，直接撕下作业纸，制造了垃圾。

其次，培养学生处理作业的习惯。一是把做过的作业整理成册，不能一扔了之，以备复习之用；二是错题留痕，更正对比，提高作业效用。

这样，作业制造的纸屑垃圾就大大减少了。

此外，怎么引导孩子处理好自己的垃圾呢？实施"一只袋"行动。

每个孩子都准备一只袋，用来装自己的垃圾，放学回家时可放在学校设置的垃圾分类点，或带回放在居家小区的垃圾分类收集箱。

养成一种新的习惯要有意志力和时间的考验，保洁人员按常规要求悄悄在每一个楼层底下放置垃圾桶，后勤人员耐心讲道理、改习惯；老师们悄悄自购垃圾桶放在教室里，德育部门召开德育专题研讨会，老师们自觉地把垃圾桶收起来；一位领导在学校食堂吃完午餐，手上拿着根香蕉在操场散步，香蕉皮没地方扔，建议学校在操场上设置垃圾桶，但当知道操场上不放置垃圾筒的理由后，他连连夸赞……

"一只袋"的背后是一种教育观念，自己的垃圾自己管，不给别人添麻烦，这种观念深入人心；"一只袋"的背后是一种习惯的培养，垃圾不落地，分好类，定点放；"一只袋"的背后是责任与担当，责任与担当就从垃圾管理开始；"一只袋"的背后是一种品位意识的培养，校园干干净净，人的心灵也干干净净……

七年了，我这个校长从来没管过垃圾，从来没管过校园卫生。我很得意！

也许，每个人都承担一点自己的责任，所有的问题都会迎刃而解;也许,我们提供过多的服务,并不见得有利于学生的成长与发展。

有人说:"好教师一定有责任心,但有责任心的不一定是好教师。"有学生说,"某老师坏就坏在责任心太强",责任心太强是指对学生做得太多、太细,"服务"得太好。

教师做得太多、太细,"服务"得太好,学生就失去了"自己动手做"的锻炼机会,也就失去了自我成长的机会。

教育工作会"累",也许是教育工作者管得太多,做得太多,甚至想得也太多,学生则管得少,做得少,想得也少。学生的管理做"减法",就是让学生自己管自己,自己做好自己的事,实现自我管理和自我成长。

也许，不包办，减负担，就是为学生提供自我成长的机会，这样的服务就是优质服务。

我在想，有时候，最好的服务就是少做剥夺学生自我成长机会的事儿，让学生学会自主管理，从自律走向自由，这或许就是教育"无为"的智慧！

3. 解放的智慧：安全路队，并非有序

出操是全校性的统一行动，队伍整齐则是一项课程技能，讲纪律，讲安全，展风貌，需要排队；食堂吃饭人多需要排队，车站购票人多需要排队，要讲秩序，讲文明……

是不是学校里学生所有的出行都要排路队？我看未必。

初到老校区，第一印象是人多，第二印象是外来务工人员子女多，第三印象是路队排得多。

我和叶老师做了一个统计，学生一天时间里至少要排10次路队。

第一次：早上，学生校门外排路队等开校门。

第二次：到专用教室上课要求排路队前往。

第三次：大课间出操排路队。

第四次：大课间结束排路队回教室上课。

第五次：中午放学回家排路队。

由此计算，上午至少排5次路队，下午至少也是排5次，一天至少排10次路队。如果在半天时间里，专用教室的课不止一节，那么，一天就不止排10次路队了。我调侃说："我们学校是

路队学校。"

学校里，经常听到"立正，稍息，对齐"等口号，时不时也会看到路队排不好被罚站的学生，老师们也为排好路队费心尽力。

排路队当然有其教育目的：一是培养习惯，二是确保安全。但是，路队多了，又恰恰与儿童的天性发展、个性成长和能力培养相违背。

下课了，同学们开心地走出教室，有些上卫生间，有些在室外嬉闹……过了5分钟，美术课代表则大声吆喝：下节课是美术课，大家赶快排队去上课。孩子们回教室带上学习用具，在教室外走廊稀稀拉拉地排好队，课代表点名发现还有人没在队伍里，只好耐心等待。我想：现在肯定没有办法在上课之前到达专用教室了。

姗姗来迟的学生也终于到位了（后面才知道，这位学生在闹肚子），课代表整队带领全班同学往专用教室走，来到美术教室时距离上课时间已经过了10多分钟，老师气不打一处来，狠狠地把全班同学批评了一顿。同学们心情很低落，上课时间已消耗了一半。

这种现象是否普遍存在呢？我又跟着不同班级去专用教室上课，发现这种现象普遍存在。专用教室的课经常无法准时开始。

由此，我对排队去专用教室上课产生了质疑：去专用教室上课需要排队吗？

教育的艺术就在于把握好"度"，把握好路队的"度"，首先应分清哪些路队有必要，哪些路队没必要。

第一次路队，可以不要。学生既然到了学校，就能进校门、进教室，学校里总比学校外安全。

第二次路队，也可以不要，但要做"加法"。每个人都要知道下节课是否到专用教室上，每个人都要为自己因迟到而"买单"，不能因一个人有特殊情况造成全班推迟上课，这些都需要老师的教育。低年级学生年龄小，可能需要一段时间的训练。

第三、四次路队，一定要，而且要排好。大课间是全校性活动，也是一门重要课程，课程内容包括出操与回操，因此，第三、四次路队必须保留，而且要训练好。

第五次路队，坚决不要。在"清校"之前，给学生一点自由的时间与空间，想早点回家的学生早回家，不想早回家的学生迟些时间回家。如果连放学都排路队，就会被质疑学生找不到校门。

就这样，路队次数减少了，学生不会因为那令人讨厌的路队而捣乱，老师不会因为排路队而费心费力，校园变得更清静了，保安大叔都感觉轻松了许多。

给路队做"减法"带来了可喜的变化：上学、放学时的拥堵现象没有了，楼梯口因路队骂人的现象没有了，上课整班迟到的现象没有了……

原来，做"减法"还能做出安全，做出文明，做出质量。

我想：办一所让学生喜欢的学校，不能停留在口头上。一所让学生感觉被"控制"、没有一定自由度的学校，学生一定是不喜欢的。努力办一所让学生喜欢的学校，要关注教育的细节，研究人性的需求。

教育还是"度"的艺术，有时，要学会做"减法"，减去束缚人性自由呼吸的绳索，减出幸福来。这种"减法"其实是一种解放的智慧，让教育更加尊重生命，让生命因教育更幸福！

4. 变通的智慧：有些规矩，并不合理

放学后，值日老师的最后一个任务是"清校"，把校园里的学生"清干净"。

20年前，教育主管部门规定：小学生在校学习时间不得超过6个小时，这是个"减负"条例。

学校放学后的"清校"也有自己的考量：学生在校6个小时的安全保障是学校分内之事，6个小时之外的时间里，如果学生还在校园里，学校也须承担学生安全责任。因此，大部分学校选择按主管部门的要求"清校"。

但每天的"清校"工作也是一个难题，广播提醒也不太管用，操场上还是有许多"疯玩的孩子"，值日老师只好亲临现场，把学生"赶"出校门。清理完，经常又会发现出校门后又从铁栅栏爬进来玩的学生。为此，学校又花重金在校园各个角落安装监控设备，一为防盗，二为搜集证据自保，三为监视逗留的学生。

放学了，学生为什么还想留在学校呢？

带着这个问题我"采访"了一些同学，有的说学校比家里好玩；有的说学校有许多活动场地，家里没有；也有的说学校里有

同伴，家里没有……

一位学者这样说，判断一所学校是否是好学校，首先要看的不是这所学校的升学成绩如何，而是学生是否喜欢这所学校，学生是不是喜欢待在学校。如果学生不喜欢学校，每天都期待早点放学回家，学校倒是要反省了。

我们又征求了家长意见，家长也一致建议学校推迟"清校"时间，因为学生放学了，家长还没下班，推迟"清校"，给孩子提供了活动的场所和安全的空间。

为什么我们不能满足学生在校多待一会儿的愿望呢？学校本是为学生而建的，没有了学生，学校就没有了存在的价值。

为什么我们不能满足家长的愿望呢？美丽校园，共同缔造，不能没有家长的参与。家长有困难，学校要分担。

于是，经校务会与教代会讨论，我们决定把"清校"时间延长1个小时。

当校长在周一升旗仪式上宣布延长"清校"时间时，操场上响起了雷鸣般的掌声。

"清校"时间的延长，意味着给学生又一自由选择的活动时间，他们可以选择留在学校做作业、运动、玩耍……

每天看到放学后田径场、篮球场、体育馆等场地热闹的景象，而不是以往把学生赶回家后冷冷清清的校园场景，我想：这才是校园该有的样子！

家长省心，学生高兴，但学校有压力，万一学生在校"出事"了，万一有督导检查"上纲上线"……庆幸的是，这么多年来，学生没有"出事"，家长、学生乐在其中，学校也乐享其成。

2019年,教育部发布"减负令",全面推广课后延时服务,延时"清校"合法合规。

我想:无论出于何种目的,只要有利于家庭的减负,有利于学生的发展,学校就要有担当、有情怀。

俗话说:没有规矩,不成方圆。学校有许许多多的规矩,目的是规范学生的行为,养成良好的学习行为习惯。但是,如果规矩没有尊重人的天性,没有学生立场,培养德性将成为空谈。

死守规矩,容易教条;过度灵活,往往投机。因此,我们要学会变通,善于变通,敢于用变通的智慧摒弃不合理的规矩,给学生发展更多的时间与空间,让教育回归到人文关怀的正常轨道。

是否对学生管得太紧

1. 突破的智慧：教室门的锁，可以去掉

2017年2月，组织上安排我担任一所新建九年一贯制学校的校长。区政府把新建校与附近一所百年老校合并成为一个机构、两个校区的"一老一新"的特殊校。

因新建校还未投入使用，暂时在老学校办公，我遇到的第一个难题是：几点开校门？

老学校是当时全区规模最大的一所小学，主要生源是外来务工人员子女。学校立了条规矩：每天早上七点半开校门。

外来务工人员上班时间早，许多学生很早就在校门口等着开门，上半年雨天多，有时雨量很大，看到孩子们撑着伞等学校开门的情景，我很难受。

每天七点半，校门口热闹极了。只见两个保安大叔一人一边，用一条长竹竿把拥挤的学生拦在外边，以免徐徐打开的栅栏门夹住往里冲的学生。当门打开后，保安手里的竹竿用力一甩，学生一哄而进。一哄而进的场面更让我揪心。

让第一个到校门口的孩子能进学校、到教室。我把这一想法在学校行政会上提了出来。参加会议的中层以上干部没有人表示

赞成，倒是反对的声音比较强烈：七点半前，值日老师还没到岗，学生在校内发生安全事故，学校要负责任。

是呀！学校安全责任比天大。但是学生在校内一定比校外安全，做校长的自身安全重要，还是学生的安全重要？何况，若学生在校外发生安全事故，我们就能心安理得吗？还是学生的安全重要！我把责任揽在自己一个人身上，这样同事们就不好反对了。

一大早，保安把进出的小门打开了。孩子们还是等在校门口不敢进来，他们习惯了七点半开门。

"进来吧。"我鼓励学生。

"还不到七点半。"孩子坚守几年来延续下来的规矩。

"门开了，就可以进学校了。"

"真的吗？"学生还不敢相信。

"真的！来，进来。"我要让学生相信这是真的。

就这样，我每天提早在校门口引导，终于让学生相信：只要到了学校，就可以直接进校园。

校门打开了，学生开心了，不用在校门口晒太阳、吹冷风、被雨淋。最开心的是保安大叔，保安大叔说："每天开门都要担惊受怕，现在舒服多了！"

第一个到校的学生可以第一个进校门，然而，新的问题又出现了，许多学生到了教室门口，却又进不了教室。

每个教室的门都有一把锁，中午锁，晚上锁，这是班级管理的一件常规工作。

早到的学生挤坐在教室门口的走廊地板上，等管理钥匙的值日学生或老师来开门。

如果管钥匙的学生每天第一个到校，所有的学生就不会因为门锁着而进不了教室。但要求管钥匙的学生每天都要第一个到校，要求太高。因此，学生坐在地板上等人开门的问题难以避免。

老师想了许多补救办法：办公室里也放一把钥匙，办公室值日老师要在规定时间内到办公室，早到的学生就可到办公室取钥匙开锁。但总是有学生比老师早到学校，他们还得等老师或管钥匙的学生到校后才能进教室。学生等开锁的问题迟迟得不到解决。

办法不是比问题多吗？一定有办法让第一个到校的学生能进教室！要实现学生一到学校就能进教室门的目标，唯一的办法就是不锁门。

不锁门，能行吗？太不可思议了！

对比锁门与不锁门的优劣，或许答案就出来了。

首先要回答：为什么要锁门？防盗。

如果世界上没有小偷，就不用锁了，那该多好呀！但从制度层面上，为安全起见，还是给教室门上锁了。

其次要追问：锁了门，真的能防盗？

小偷之所以是小偷，就是能开锁偷东西，"技术"好的小偷可能几秒钟就可以把锁打开，教室门的锁难不住小偷。

再次要厘清：小偷怕的是什么？怕监控，怕自己干的事大白于天下。也就是说，小偷并不怕锁。

最后，我们可以推断：锁了门，并不能防盗。

既然锁门对防盗作用不大，为何要锁门呢？锁了门，锁住的是学生，而非小偷。

关门而不锁门，值得一试。

当我把"不锁门"的想法在教师会上提出来后，老师们大都觉得不可思议，校长应该强调的是管理好教室门的锁，怎么能让老师去掉锁呢！校长的想法有些另类。

看来，对"不锁门"的创造性工作不能搞"一刀切"。我允许老师在一定时间内有不同的做法，先在部分班级搞试点。

"实践是检验真理的唯一标准"，不锁门班级的学生开心了。慢慢地，锁门的班级也悄悄地把锁撤了。五年了，学生进出教室畅通无阻，教室里的物品一件也没有少。

班主任也不用为管理教室门的锁而发愁了，老师们的管锁负担彻底减掉了。

我在想，一把教室门的锁，透视的是学校管理复杂化，把锁去掉，管理变得简单而高效。只要安全能得到保障，为什么不去掉锁，给学生提供更多的便利呢？校园里的锁，锁住的是人们的认知。有些习以为常的问题，背后联结的是我们的认知。只有突破认知，即进行"认知的革命"，才可能彻底解决一些貌似复杂的根深蒂固的问题。

我们是不是把学生管得太紧了呢？这又是一个值得深思的问题。

2. 创新的智慧：图书馆的门，可以开放

学校里有许多场馆：运动场、体育馆、图书馆、计算机室……这些地方需要有人来管理，但因编制的限额、经费的制约，场馆无法做到专人管理，一般会安排兼职。所谓兼职，即非主要工作，主要工作还是教育教学，兼职教师无法全天候在所管理的场馆，不同年级学生使用场馆的时间不同，师生使用场馆就很不方便，场馆使用率低下。

学生无法进入场馆，就是浪费；学生无法使用场馆的学习工具，也是浪费。这些都有违"促进学生发展"的办学宗旨，因此，我们应该提高场馆和场馆里的学习工具的使用效率。

场馆开放，让我们走过了一段难以忘怀的心路历程。

周一升旗仪式上，张主任宣布图书馆即将开放时，操场上响起了热烈的掌声，看得出，开放图书馆是学生们期待已久的事情。

但作为校长，图书馆到底怎么管，成了我头疼的问题。

我需要考虑清楚以下几个问题。

第一，新学校将有四个大图书馆，按每个图书馆两个管理员

来计算，就要占用8个编制，按每人每年十几万元工资计，每年就要100多万元，人工成本很高。

第二，图书馆的书已经编好号码，还为每个学生发放了借书卡，学生可以凭借书卡借书。这种卡既可借书，又可用餐，还可以坐公交，一张卡工本费30元，每年一年级与七年级新生将近900人，每年就要花费近3万元；每本书要贴张二维码标签，这又是一笔不小的费用。

第三，图书馆在行政办公楼二、三楼，离初中部教室比较近，但小学生到图书馆就比较远，下课时间仅10分钟，放学后要"清校"，学生什么时间到图书馆借书和看书？如果学生没有时间借阅图书，图书馆不就成了摆设！

这些问题都需要想办法破解。

节省成本和方便学生阅读的理想状态是，学生自由借阅、随手借阅，且一本书都不会少。

不用借，随手拿，做到一本书都不会少，可不是件容易的事，这需要每个人有高度的自觉性。如果能做到，学生的阅读量一定会增加，管理的成本却大大减少。

2021年，明达公司为学校捐款8万美元。我们用这笔资金在图书馆之一的"慧眼馆"旁边装修了一个开放式图书馆，两者连成一体，命名为"明达书院"。明达书院成为学生图书流转、无人管理、先行先试的"阅读特区"。

"最后一个动作"的教育开始了，孩子们"借"书后，无论是当堂看书，或带回家读，读完后不能忘了最后一个动作——把书放回"借"的地方；老师和家长提醒学生及时把看完的书

放回原处，动员学生把家里看过的图书捐到开放式图书馆漂流。

无人管理的图书是多了还是少了，我们拭目以待！

把学生吸引到图书馆，让学生爱上图书馆、爱上阅读，又是一个关键问题。

把学生引到图书馆上阅读课，也许是个好办法！于是，图书馆里的阅读课成为学校"三课一体"课程体系中的学科拓展课。新的图书馆设计了一间阅读教室，阅读教室里的装饰就是书架和书，阅读老师由图书馆人员及语文教师担任。

图书馆里的阅读课不同于语文阅读课，语文阅读课侧重于阅读的技能技巧，培养"阅读之星"，图书馆阅读课侧重于培养学生爱上阅读、海量阅读，培养"阅读之迷"，"阅读之星"与"阅读之迷"的培养相辅相成、相得益彰。

我坚信：开放式的图书馆与图书馆的阅读课一定会让校园更加有书香味。

然而，摆在我们面前的又一现实问题是：学生什么时间到图书馆？阅读时间又该如何统筹？

学校主校区霞光校区于2017年9月投入使用，有3个体育场馆，其中1个是室内馆，1个400米跑道的运动场，1个室外篮球场。第一年中小学大课间可在同一时间进行；第二年学生数量增加，中小学大课间只好错开；当班级数增加到80多个班时，大课间的场所如何安排？然而，3个体育场馆和4个图书馆在周末两天时间、寒暑假三个月时间里基本没人使用，相当浪费。

如何解决这样的问题，让更多的场馆更好地服务于老师、学生和家长？学校经过慎重研究决定：周末开放体育场馆和图书馆。

这一决定无疑是正确的，首先是学生、家长有需求，其次是上级部门有要求，最后是教育资源可得到充分利用，可谓"三赢"。但可能会给学校的管理制造"麻烦"，不是"可能"，而是"一定"。

"麻烦"一：每个进校园的家长与学生需要识别身份，开门放行，而且到校的时间会不一样，增加了保安的工作量。

"麻烦"二：在无人管理的校园里，可能会制造一些垃圾，这些垃圾需要有人清理，增加了保洁的劳动负担。

"麻烦"三：校园的设施有被损坏甚至被破坏的风险，需要有人办理赔偿、重置工作，增加了后勤人员的工作量。

"麻烦"四：在校园里运动的学生或家长发生安全事故，容易出现"校闹",增加了安全责任风险。

"麻烦"五:周末开放图书馆,需要图书管理员值班,开展家长、学生阅读分享活动,增加了图书馆工作人员的工作时间。

办法总比困难多。学生活动中心开始起草《给家长的一封信》,招募家长义工,明确责任、义务;后勤保障中心增设提示牌,加强校园财物的管理;图书馆人员实行弹性上班时间,明确工作职责……

学校是学生成长的地方,也是社区的一个单元,充分利用学校资源为学生和社区服务是分内之事。每一次的改变,一定会出现新的问题和新的阻力,只要道路和方向正确,就应该坚定不移地往前走。

所谓创新,就是比常规多走半步。图书馆尝试着比常规管理多走的半步,让其使用率大大增加,这是创新的智慧焕发出的教育迷人的生机。

学校里新建的明达书院,又一次打开了多年困扰家长和老师心头的那把"锁"。

3. 疏导的智慧：校园里的网，可以上线

不知何时，学生上网成了家长、老师的一块心病。孩子一旦上网成瘾，变成"网虫"，就会危及孩子的一生。所以，家长、老师想尽一切办法控制学生上网。

家长控制孩子上网，给孩子规定时间，把网速变慢，甚至干脆断了网线，但他们自己却离不开手机和电脑，戒不了网瘾，家里自然无法去掉电视、电脑与手机，许多孩子哭着闹着要上网，甚至偷着上网，明里不上暗里上。

近几年，随着信息技术的发展，智慧校园建设已然成为趋势，微课、慕课、翻转课堂等兴起，网络学习成为学生学习的一项重要方式。因此，学生不用手机、不上网的目标很难实现。老师替学生保管手机、禁止学生上网成为难题和负担，已经成为师生关系的一大"杀手"。

既然网络学习是学习的一种重要方式，就应该为孩子提供网络工具，但孩子在学校里基本没有上网的时间与工具，唯独有两间上信息课的电脑室，每间电脑室有 48 台电脑，但课余时间电脑室的门是锁着的。

把电脑摆在大厅里,让学生光明正大地上网,阳光下上网总比黑暗里上网强得多,但这一决策没有一位老师认可。从老师们的沉默中,我大概猜出了他们的想法:把电脑摆在大厅,不就鼓励学生上网吗?

无论如何,都得要试一试。

明达公司捐赠的明达书院里摆了四台电脑,方便学生上网。

果然,明达书院成为学生最喜欢去的地方,许多学生争着去上网。

随着时间的推移,到明达书院上网的学生越来越少,我也把它当作正常现象。

每年学期末,六年级每个学生都要用信件方式给学校提几条建议,我都会一一阅读,有一条建议很集中,同学之间似乎"串通"好的:明达书院的电脑只能上校园网,纯粹是个摆设,不要也罢！原来，信息中心做了手脚，只限于上校园网，以防学生被"污染"。

网络的开放就是一次思想的解放，于是，信息中心又重新开放了网络，在电脑旁挂了一块提示牌："我承诺：上网不超过20分钟"。

明达书院里的电脑在那儿几年了，给孩子们上网提供了便利，老师们不禁要问：开放的电脑有没有制造出"网虫"？答案就摆在大家的面前，明达书院的电脑让孩子们变得更加阳光。

我在想，学生不会沉迷于虚拟世界里，是因为校园里的现实世界比虚拟世界丰富、精彩、好玩！人之所以会陷进那张网里，是因为网里面的东西比网外面的东西吸引人，甚至网外根本就没有东西，使人变得孤独、寂寞、无聊，网里面自然成了孩子们的精神之地。我们应努力使课堂更精彩一些，课外活动更丰富一些……

"堵"不如"疏"，疏中有导，有导则疏。

思维里的"锁"是冰冷的，在没有温度的环境下，人们首要的任务是保温，谈何认知的追求和思想的提升。思维里的"锁"是无情的，列宁说："没有人的情感，就从来没有也不可能有人对于真理的追求。"思维里的"锁"是无爱的，顾明远先生说："没有爱，就没有教育。"

打开思维里的那把"锁"，用疏导的智慧唤醒学生的觉知，让教育带着温度靠近生命，流淌自然而然的美。

4. 改变的智慧：器材室的球，可以自取

每天站在校门口，我总会发现一些学生身上背着书包，手里捧着一个篮球或足球，看得出，学生喜欢球类运动，这是好事！

走进老师办公室，总会看到墙角放着几个篮球或足球，这些球不是老师的，而是学生的，被老师没收了。

老师没收学生的球，是因为学生在教室里玩球，或因为没有专门的位置摆放，球不小心掉在地板上滚动，影响了大家上课。

球既是好球，又是坏球。

球被老师没收了，学生就不能玩球了；学生能玩球，但在拥挤的教室里，也确实会影响其他学生和课堂。

球被老师没收，传达的一个信息是：学生不能玩球。

球被老师没收，也许扼杀了一个姚明式的球星，是很糟糕的一件事。

怎么实现学生既能玩球，又不会影响到别人呢？当然是学生在玩球的地方有球玩。

玩球的地方是篮球场、足球场，而这些场地却没有球，学生只好自己带球了。学生如果不自带，就必须向体育器材管理员借

球，而学生有时间借球，老师不一定有时间往外借球。

借球，学生不方便，也要耗费老师的时间。多年来，体育器材管理员这份工作负担重，没有价值感，安排刚毕业的体育老师兼任是无奈之举，新入职的体育老师接手体育器材管理这一岗位，早已成了学校体育组老师的共识。

把球放在操场上，学生自由取球，学生玩球的问题不就解决了！

玩球问题解决了，管球问题又出现了：一是球被偷了，二是学生玩球不收球。

学生会偷球吗？可能会，也可能不会。学生玩球后会乱扔吗？可能会，也可能不会。判断会不会，只有实践之，才见分晓。

于是，学校在运动场所放置了没有锁的体育器材柜，把各类体育器材放在操场上，这样，学生就能自由地去取。老师们要做的是培养学生使用运动器材后归位的习惯。学校的广播也增加了一个指令，大课间、体锻课后提醒学生把各类体育器材放回原处。

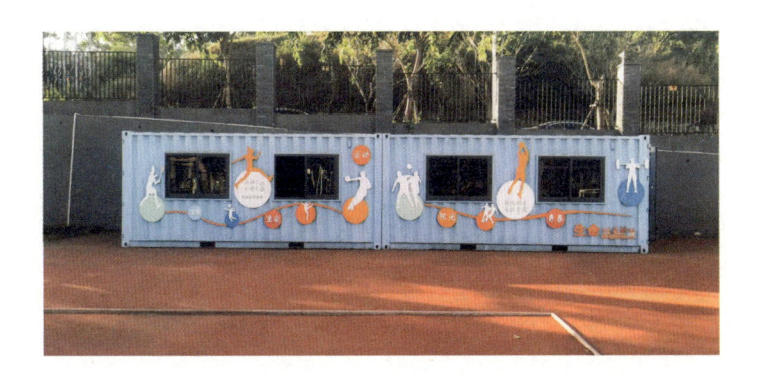

令人头疼的是，刚开始学生玩球而没有还球的现象屡见不鲜。不管拿了玩或没把球还进球筐里，监控都一目了然，只是学生不知道而已，对借球而不还球的学生，惩戒措施是"一周内不得借球"。经过几个回合的"较量"，借球而不还球的现象消失了。

期末结束，体育组老师高兴地向我汇报：球一个都没少。

一个小小的变化，使学校各类体育器材的使用率大大提高。

也许就这一个小小的改变，成全了许多"小姚明"。

体育器材的开放，让我们信心百倍。

把体育器材室的门推开，既方便了学生，又减轻了体育老师的负担，提高了体育器材的使用率；把电脑室的门推开，既方便了学生上网查阅资料，又提高了电脑的使用效率；把图书馆的门推开，既方便了学生看书，又使图书馆藏书物尽其用……

推开学校场馆的门，也是一次思想的大解放。

是否对学生要求太高

1. 关怀的智慧：破除规矩，以生为贵

每天早上，校门口都有几个披着彩带的学生督导员检查学生是否佩戴红领巾，若发现哪位学生没有佩戴红领巾，就会给相应班级扣分。

校门口的值日老师经常会看到因忘戴红领巾而不愿意进校门的学生，哭闹着要跟家长回家取红领巾，因为忘戴红领巾，就会让自己班级扣分，会被班主任批评、被同学们指责。

一年 365 天，有 200 天左右在学校学习，学生偶尔有一次忘戴红领巾，也有 199 天戴了红领巾，如果给学生打分，应该有 99 分了，而我们要求学生戴红领巾的"成绩"是 100 分。

每天都要戴红领巾，操场上、走廊里经常会看到丢失的红领巾，在德育处门口的纸箱里堆满了红领巾而没人认领（红领巾不能绣名字、做记号）。

红领巾是用来防止被扣分的一块布料，学生就是这么想的。

谁规定学生每天每时都要戴红领巾？

每次全校教师会，主持人都会给老师们提出一个教育热点问题，这次恰好是我主持，我想借机说一说这件事。

"学校准备送每位老师一条领带。"

会场上响起了热烈的掌声。

"但是,要求老师们每天必须戴领带上班。"

一石激起千层浪,会场瞬间躁动起来,老师们议论纷纷……

工会主席李老师壮胆站起来为大家"维权"。

"我觉得这个要求太过分!厦门天气这么热,每天戴领带上班,怎么行!"

老师们纷纷表示无法接受这一规定。

"作为成年人,老师无法做到的事情,我们的未成年学生却做到了。学生每天被要求戴红领巾,为了不被扣分,无论天气多么炎热,他们都坚持下来了,而且坚持了七年。"

会场上鸦雀无声,老师们陷入了沉思。

"少先队员每天要戴红领巾,是上级团委要求的。"少先队辅导员站起来说。

上级团组织要求,学校遵照执行,没有错呀!全国绝大部分学校执行了几十年,竟然没有人提出异议。无论多热的天气,孩子们不敢违抗,他们生怕因为自己没戴红领巾,班级评比被扣分。

每天佩戴经领巾,上级团组织真这么要求的?我查阅了有关文件(团中央、少工委)和材料,是这么要求的:"在升旗仪式和开展少先队活动时要佩戴红领巾。"

当我们出席学校工会代表大会或庆祝大会时,戴上领带;当我们参加朋友的结婚典礼时,穿上西装,戴上领带;当我们上台表演节目时,戴上领带……回到家时,一定对领带倍感珍惜、爱护有加！因为领带给我们仪式感。

同样，在升旗仪式或开展少先队活动时，穿好校服，戴好红领巾，学生体验到的是仪式感和荣誉感，学生一定会对红领巾满怀敬畏之心。

如果要求成年人每天都戴领带、未成年人每天要戴红领巾，就是过度要求，而过度、过分教育产生的后果可想而知。

会后，学校有关部门把习以为常、延续多年的规矩破除了。每周一，学生早早地戴上鲜艳的红领巾参加隆重的升旗仪式；队课上，少先队员认真地戴上红领巾，高举队旗开展少先活动；每年清明节，老师和学生戴上红领巾前往烈士陵园祭扫烈士墓……

操场上、走廊里再也看不到孩子们丢失的红领巾，校门口也没有了忘戴红领巾生怕给班级抹黑而哭闹着不进校园的学生……

学校教育的对象是学生，所以我们经常提"以学生为本"。但我们会发现，学校管理者或老师经常把"禁止""严禁""不要"等各种"规矩"挂在嘴边，学生好动、好奇、稚嫩等天性，在学校里的"规矩"下无法"舒展"。学生还小，还未成年，却往往被当作成年人来要求，甚至比对成年人的要求还要高。

原来，学校里的许多规矩与"以人为本，以生为贵"的思想是相矛盾的。

真正践行"以人为本，以生为贵"的思想，需要换位思考，换位体验，将心比心，这样才可能更加理解学生，从而让教育更加尊重生命，让生命因充满人文关怀的教育智慧更幸福！

我不禁又想，成年人做不到的，要求未成年人做到，我们是不是对学生的要求太高了！

2. 关爱的智慧：自带零食，吃出健康

"严禁学生带吃的进校园"是许多学校的规则，但"上有政策，下有对策"，大课间活动时总是有一群学生趴在学校围栏那向外招手。原来围栏外有几间小卖店，店员们正忙得不亦乐乎，他们不厌其烦地为孩子们送上一份份面包、水果。

学生叫买零食的场景影响学校的声誉，必须禁止。德育部门领导轮流值守，被逮住的学生要到德育处接受批评教育。

然而，学生购买零食的行为屡禁不止，德育部门的老师们什么招都使上了，还是败下阵来，对此现象表示无能为力。

明知道会被"抓"，学生为何还要冒风险呢？我很好奇！

"很饿！"学生的理由再简单不过了。

饿从哪里来？我立马随机到一个班做了调查。

不查不知道，一查吓一跳。一个班 50 个学生，竟然有三分之一的学生没有吃早餐，即便是吃早餐的学生上完两节课后也感觉肚子饿。

"早上吃好，中午吃饱，晚上吃少"早已成为健康常识，可见早餐对孩子成长的重要性。那么，学生早上七点多到校，大概

中午十二点回家,这期间是否要补充一些能量呢?

最后一节课最难上,成为老师们的共识,他们总批评学生上课不专心、课堂纪律差,没有人去想到底是哪里出了问题。于是,我找到校医,又找到医生朋友请教,我的想法得到了证实:如果学生能在课间补充能量,上后面的课会更有效率。在饥肠辘辘的状态下,学生的注意力和记忆力低下,如果再上体育课,不仅不能起到强身健体的作用,相反在损坏身体。

那么课间营养餐哪里来?有两个选项:一是学校提供,方便家长;二是家长提供,学校省事。综合考虑后,我们选择了后者。

学校提供营养餐,无法满足所有学生的需求,既增加了学校的负担,又承担了不必要的安全风险;家长提供营养餐,能根据孩子各自的身体状况和营养需求,实现个性化的营养配餐。

什么时间吃营养餐?也有两个选项:一是在第二节课下课时间吃;二是把最后一节40分钟的课缩短10分钟,这挤出的10分钟就成为孩子吃营养餐的时间。采用第一选项,意味着孩子们休息、活动甚至上卫生间的时间被挤占;采用第二个选项则占用了课堂10分钟时间,老师们担心,会不会影响教学质量?

我们还是选择了第二个选项,占用第四节课10分钟的时间,第四节课本是学生最疲劳的时间点,缩短10分钟符合学生的身体与心理特点。

这样,每天第四节课挤出的10分钟课间餐时间被安排在两节课后,广播里传来的一句话温馨而又动听:"亲爱的同学们,课间餐时间到了,请大家讲究卫生、文明用餐。"同学们从书包里拿出餐盒，有的是一小瓶牛奶和小面包，有的是切好的水果……

我想，"以人为本，以生为贵"的关怀理念不能只停留在口头上，应该落实在关爱的行动中。

一盒简单的课间餐实则不简单，它改变了学校每个人的观念，提高了课堂效率，体现了学校让教育带着关爱落地的文化意蕴。

我又想，教育真的需要一些看似没必要的"折腾"，悄悄地在原有基础上多一点点目中有人的"折腾"，教育关爱的温度就会润泽每个生命！

3. 理解的智慧：学生犯错，不要心急

学生犯错，司空见惯。

"老师，老师，玻璃被踢破了。"一名学生跑到我面前报告。

"是谁踢破了玻璃？"

"是我们班的立明，他每天都在走廊上踢足球。"

"就是他，就是他。"一堆孩子在那指指点点。

只见一名学生抱着足球，望着破碎的玻璃片不知所措，低着头说："我不是故意的。"

学生怎么会在走廊上踢足球呢？难道老师没有强调不能在教室走廊上踢球吗？学生不知道不能在走廊上踢球吗？

我把立明叫到校长室，犯了错的立明更加紧张，准备接受我的批评。

其他的同学也跟到校长室看"热闹"，似乎在等待我这个校长怎么"整"他。

他肯定知道自己错了，老师肯定也给学生讲过不能在走廊里踢球。

我该怎么教育立明呢？训斥他，还是给他讲不能在走廊踢

球，这些重复的教育内容对立明还能产生作用吗？

再三思考后，我给立明提了三条建议。

1. 在最短的时间内把破碎的玻璃打扫干净，以免伤到别人。

立明回到教室取扫把与畚斗，很快就把散落在地上的玻璃碎片扫干净，其他同学一起帮忙把碎玻璃倒到垃圾桶里。清理完后，回到校长室，我对他提出了第二条建议。

2. 保证今后不再在教室走廊上踢足球，要踢球就到学校足球场。立明紧张的心情慢慢放松下来，点头接受了我的建议。

3. 回家向自己的父母借钱，买一片同样的玻璃装回去。如果有困难，把钱交给学校服务中心，请服务中心的老师帮忙购买。

这时，立明放松的心情又开始紧张起来，显得很为难，我知道他接受第三条建议有顾虑，生怕这件不光彩的事情让父母知道。

"你是故意破坏玻璃的吗？"

"不是，我也没想到会踢到玻璃。"立明赶忙辩解。

"不是故意搞破坏，给父母讲清楚，父母会帮你弥补损失的。如果很为难，我愿意帮忙向你的父母说明这一点。"

"谢谢老师，我自己向父母说明。"立明紧张的心情又开始放松下来。

"好！玻璃装好了，记得告诉我，我等着！"

事情处理完后，我给总务处马主任对接，请马主任配合，把玻璃装回去。

后勤马主任的配合工作做得很到位。第二天，消防栓的玻璃恢复了原样，我在等着立明到我办公室告诉我完成任务的情况。

果然,第二天下午,立明兴冲冲地来到我的办公室,报告任务完成。

我相信,立明再也不会在走廊踢球了。

……

如果我只看到了破坏的结果,没有分析事件发生的动机,把犯错的学生一顿训斥,或者严厉地批评,或者惩罚,造成的损失却没有得到弥补,事情的发展会是怎样呢?

没有一个孩子第一次做错事是故意的,当事情发生后,孩子会很害怕,老师的训斥、批评、惩罚不仅不能解决问题,相反容易把学生推向对立面;如果学生第二次犯相同的错误,那可能会是故意的。

给犯错的学生一个解决问题的建议,把损失弥补回来的实际行动是对犯错学生最好的教育,因为这让学生明白了一个道理:犯了错要承担责任。

我常常想,世上可能本没有坏人,那么,坏人是怎么"制造"出来的呢?很大可能是我们成年人制造出来的。

当学生犯错时,我们就给学生下定义、贴标签,"这孩子怎么这么坏呢?"孩子在成年人批判、责骂的眼神和话语中捕捉到这样一个信息:我就是个坏人。在不断犯错中,这种信息不断叠加,好人就真的成为坏人了。

我常常问:"我们成年人,哪个没有犯过错?"

没有一个成年人敢站起来说,我没有犯过错。那说明我们每个成年人曾经都犯过错,那么,我们怎么能要求孩子不犯错呢?

为此,我们是不是可以得出这样一个结论:孩子犯错是正常的。

既然孩子犯错是正常的，每个人都是在犯错中不断成长的，我们大可不必把孩子犯错看得那么严重，关键是在理解孩子的前提下，让孩子认识到错在哪里，培养他们在错误中改正错误、勇于负责的能力。

原来，错误有时候也是有价值的教育资源，教育的奇迹往往就藏在错误中！

4. 具体的智慧：习惯要求，要接"地气"

人一出生本没有多大差别，但成年后就不一样了，这其中有深层次的原因，心理学上称之为"潜意识"。潜意识的形成主要归因于遗传，遗传分为生物遗传与文化遗传，生物遗传即基因遗传，文化遗传就是后天家庭成员、学校老师等与生活环境的影响。

文化遗传受后天教育的影响，后天教育影响的核心是什么？大部分人的回答是：习惯。这让我想起了乌申斯基说过的一句话："良好的习惯是人在他的神经系统中所储蓄的资本，这个资本不断在增值，而人在整个一生中，就享受它的利息。"

因此，习惯培养是学校教育的一项重要工作。

培养什么样的习惯，怎样培养习惯，是值得研究的问题。

首先，习惯培养需要家长与老师"统一动作"，不能让学生无所适从；其次，习惯培养要有抓手，不能样样想要，结果样样不得；最后，习惯培养要有可操作性，不能在理论上空转。

基于这样的思考，我们制定了《学生习惯养成"十个一"》。这"十个一"分别为一只袋、一盒餐、一根绳、一个球、一本书、一支笔、一盆栽、一米距、一问好、一拥抱,成为学校习惯养成的重要抓手。

一只袋——自己的垃圾自己管,不给别人添麻烦。自己管,不落地,分好类,定点放。责任与担当就从垃圾管理开始。

一盒餐——每天准备课间餐,学习运动有能量。一盒小小课间餐,有利于身体健康,还能促进学习效率,提高运动效果。坚持九年,影响一生。

一根绳——每人一根小跳绳,随时随地可健身。拥有一根小跳绳,没有场地限制,好玩又健身。"绳彩飞扬",幸福成长。

一个球——篮排足网有一好,身心健康错不了。运动项目千千万,一项球技要玩转。篮排足网有场地、进课程,喜欢上一个球,争当球场"小明星",长大成为"大明星"。

一本书——身边有本课外书,最惬意的是阅读。杨绛说:"读书就好比到世界上最杰出的人家里去串门。"经常去"串门",自己也会变得越来越杰出,越来越有品位。

一支笔——练就书写一支笔,人生路上创奇迹。笔是学习的工具,成长的伙伴。用好它,我们可以写出人生最美的文字,绘出人生最美的图画。

一盆栽——精心养护一盆栽,相伴九年花盛开。小小一盆栽,不仅是在实践中求知,还有一份坚持和守护,对生活的追求和生命的热爱。

一米距——出操站队一米距,队伍整齐又有序。出操站队大有学问,每个人心中的距离标准一样,不论是年龄小还是年龄大,一起站出队伍的美。一米距的美,不仅体现的是规则,还是

一种良好的习惯。

一问好——每天早起一问好，精神焕发效率高。早上起床，父母与孩子主动问声"早上好"，来到学校，与老师、同学问声"早上好"，传递的是文明，体验的是品位，开启的是一天美好的工作与学习生活。

一拥抱——放学回家一拥抱，爱的能量传递到。家长下班、孩子放学回家一拥抱，送上的是亲情，传递的是爱意。一个温暖有爱的家庭往往是通过一个动作创造出来的。

这十个好习惯有卫生习惯、饮食习惯、运动习惯、阅读习惯、写作习惯、养护习惯、文明习惯等，要求不高，意义不凡，看似简单，实际上可不简单。

到过我们学校的人都很惊讶：校园里看不见垃圾筒，垃圾哪儿去了？原来是"一只袋"起到的作用。

我们的家长很自豪：别的学校严禁学生带吃的进校园，我们学校要求学生带"一盒餐"。

我们的体育很"强势"：各级各类体育比赛频频获奖，因为每个人书包里都有"一根绳"，教室柜子里都有"一个球"。

我们的师生很幸福：五个开放式图书馆里的图书可以带回家，图书馆经常开展"一本书""一支笔"的活动。

我们的学生很有品位：学生讲规则，都有"一米距"的习惯，学生爱自然，九年如一日守护"一盆栽"……

我们周边小区成"网红"：万科城小区被评为全国"幸福小区"，因为每个家庭坚持做两个动作，每天早起一问好，回家一拥抱。

"十个一"习惯，具体可行。如果说教育是实践的艺术，那么具体可行则是其灵魂：越具体，越深入；越深入，越深刻；越深刻，越深知；越深知，越深爱；越深爱，越具体！可以说，具体是让教育专业，让教育智慧不可小觑的力量之一！

是否对学生管得太"旧"

1. 规则的智慧：学生站队，有新招

每周的升旗仪式、全校聚会或年级活动，一个年级或全校学生站在操场上，学生小动作很多，老师忙个不停，体育老师都要这样整队："全体立正，向前看齐"，班主任每次都要前后走动，防止学生做小动作而影响队伍的整齐；做操时，体育老师会这样整队："前排侧平举，后排前平举，按做操队伍散开……"，一到九年级学生的手长短不一，即使竖排对齐，横排也是无法对齐的。

有时，队伍里一个学生走神，散开时就容易发生碰撞，老师赶紧过去把学生拉开。总之，整队指挥的老师要整好几次，下面的班主任也一直不消停。

怎样排队才能解决这个问题呢？

如果学生队伍一到操场（或其他场地），前后距离就能保持一米左右，问题就能得到根本性的解决。

这样改变的好处有三：一是学生距离拉开一米站队，比挤在一起好看；二是学生距离拉开，小动作就会减少，因有距离，小动作做起来不方便，何况非常容易被发现；三是所有学生都拉开同样的距离站队，不仅前后对齐，而且左右也能对齐，整队就不会那么费劲。班主任只要站在队伍的后面即可，无需太多跑动。

要落实站队的新要求，需要一段时间的训练。

首先，要建立一米长的概念，孩子们才知道前后一米距离有多远；其次，体育课上要训练，学会把队伍站整齐，学会如何调整一米距离；最后，整队老师做评价，每次站队，表扬队伍达到要求的班级，不断强化站队意识。

不要小看学生的站队，如果不同学校的队伍站在一起，一眼就可以看出不同学校学生的精气神，由此可以看出其背后学校教师工作水平的差异。

出操站队大有学问，每个人心中的距离标准一样，不论是年龄小还是年龄大,一起站出队伍的美。一米距的美,体现的不仅是规则,还是一种良好的习惯。

2020年,面对突如其来的新冠疫情,学生"一米距"的"站队文化"竟然与防疫措施的相关要求不谋而合。

老师们说,我们的工作又做在了前面。

我想,许多难题的解决,就是从小小的改变开始的。小小的改变,也需要勇气和智慧来破除根深蒂固的旧模式。

破除不是破坏,因为有破才有立。破除旧模式,是为了建立新规则,用有益学生身心健康发展的确定性规则,去有效应对学生有可能发生的层出不穷的不确定性问题。

2. 参与的智慧：机会均等，有办法

相信每个学校都会举办田径运动会，其内容、形式大体一致，但影响力却不一样。

教育即影响，学校里的每项活动都应考量活动的教育性，即它的影响力。运动会的影响力主要体现在以下几个方面。

一是团队力量的影响力。奥运会的奖牌总数折射出一个国家的综合实力；校运会获奖总分也体现了一个班级的实力，与一个班级的身体教育（体育）和运动会前的准备工作呈正相关。因此，以运动会为契机，培养学生的团队协作意识、团队协作能力、团队协作精神，是一个用心工作的班主任所注重的。

二是胜负输赢的影响力。有人说："成功的人一定是输得起的人！"反过来说："成功的人一定是赢得起的人！"赢了，享受成功的快乐，体会到成功是汗水浇灌出来的；输了，能够从"难受"中走出来，知道自己还不够用心和努力，重新振作起来，迎接下一次的挑战。

三是准备过程的影响力。挑几位学生参加校运会比赛，再简单不过了，但利用校运会激发学生对体育运动的热情，培养锻炼身体的习惯和品质，就不简单了！让没能参加比赛的学生都能成为运动会的重要角色，运动会的"过程性"和"教育性"就能充分凸显出来。

层层选拔运动员代表学校参加运动会的比赛，是班级工作的一个重要环节。要让运动会更具影响力，没有参加比赛的学生也应发挥作用。班级里可以成立"教练组"，给每位运动员配一位"教练"，每天监督运动员代表训练，运动会上提醒运动员代表做准备活动，以及为运动员代表做好后勤服务；成立"宣传组"，及时报道运动会前、运动会中和运动会后的准备、训练、比赛情况；成立"志愿组""保卫组""后勤组"……

运动会上，没有"旁观者"，没有"局外人"，每一个人都重要！

学校第四届田径运动会即将拉开帷幕，全校有三分之一的学生（1000人左右）参加比赛，那么，还有三分之二的学生做什么呢？

比赛总要计算班级得分、分出胜负。每个班派出最强阵容争取好成绩，这样就一定会出现没有机会参加比赛的学生，也就没机会获得胜负输赢的经历与体验，这显然是不公平的。所以学校新增了注重团队的春季全员运动会，让每一位学生都能参与运动会的比赛。

每年举办一届全员运动会，让每一位学生都能参加运动会比赛，是我们的文化追求。

举办全员运动会是一件很有意义也很有难度的事情，为了让每一位学生都能体验到竞技体育的魅力，我们必须想办法去实现。

如果让每一位学生都参加运动会，按原三分之一的学生参加运动会所用时间推算，就需要增加两倍时间，也就是原来要用两天时间，现在就得花费六天时间。

怎样在相同时间里完成每一位学生都能至少参加两项比赛？这真是一个难题。

解决问题的办法还真是有。

一是增加比赛项目。增加比赛项目，满足在相同时间里有更多的项目让学生参加，相同时间里参加比赛的学生就增加了；当项目增加到全校学生都可以参加比赛时，全员参与的目的就实现了，但裁判员需要增加。

二是班级团体计分。以往传统运动会都是先个人计分，再算团体（班级）总分，计个人成绩意味着单位时间里完成比赛的人数少，而计团体分的比赛就能大大增加比赛人数。比如 100 米赛跑，如果有 6 个跑道，一组只能 6 个学生，一组赛完计个人分，再进行第二组的比赛。如果计团体分，每个班级一个赛道，第一组冲出去 20 米左右，第二组就可发令出发，这样在半小时之内，整个年级的学生就可完成 100 米比赛，每个班级每个学生的成绩累加就是班级成绩。

三是在项目设置上做文章。多设置一些团队协作的接力项目，如举大气球接力比赛，考验的是团队的协同力，一组七八位学生合力把大气球举过头顶往前跑，移交给下一组学生，年级以班为单位同时进行，一个项目的比赛很快就结束了。

在全员运动会入场式上，班级里有"特殊学生"，一定是与老师手拉着手走在队伍的最前面。这些"特殊学生"参加比赛，一定会领到一张"参与证书"并与校长合影留念。全员运动会让以前没有参加过比赛的学生成为运动会的"主角"，体验运动会比赛的酸甜苦辣。

全员运动会散发出浓浓的教育味：无限贴近学生内在成长的需求，让他们在积极参与的投入过程中，不知不觉汲取信任、责任、尊重、合作和欣赏等必需的人生营养。

3. 信任的智慧：厕纸滥用，不"戴帽"

培养学生的"品位高"要落在学校工作的方方面面，学校卫生间的品位升级是一个重要"生长点"。

学校里每个卫生间都挂一卷纸，供师生取用。这一决定，许多老师都投反对票，反应最强烈的是后勤组。

"卫生间都挂一卷纸，过几天就完全不像样了！"老师们如是说。

每个人都有此担心，不足为奇！校园里不能像机场、酒店一样，因为使用者是孩子，而非成年人。

孩子贪玩，会搞破坏，这是我们下的结论。但这一结论却没有人去验证。

"你怎么知道孩子会搞破坏？"

"这还用说吗？"

"那就试试看，孩子会不会搞破坏，不试怎么知道呢？"

后勤组老师迫于校长的"权威"，无奈地把纸挂在卫生间里。果然，一个星期不到，后勤部的马老师就急匆匆地对我说："挂在卫生间里的纸被扯得乱七八糟的，还是收起来好。"

我与马老师走进一楼卫生间实地调研，结果马老师反映的情况得到验证：学生滥用卫生纸。

难道真的把卫生纸收起来？不对！走出卫生间不远的几位老师又被我叫了回来，重新回到卫生间做进一步观察与分析。

哦！还是挂纸筒的人惹的祸。纸筒的高度是以成年人为标准的，儿童取纸有难度，轻易够不着，孩子只好跳着往下拉。

我们特地请来一位一年级小朋友到现场取纸，问题的根源找到了。

看来，那卷纸会"乱七八糟"的根源不是孩子，而是那个装纸筒的成年人。于是，我要求后勤部门按学生的高度为标准挂纸筒。

果然，卫生纸筒的降低改变了现状。管理人员每天进学生卫生间观察纸筒，并没有发现异常情况。一个月过去了，纸筒里的纸还没有用完。

五年了,纸筒依然"坚守岗位",见证着孩子们的一言一行。

我想,即便有孩子破坏纸筒,也还是要把新的纸筒挂上去。如果有100个孩子,不能因为有一个孩子搞破坏,就影响其余99个孩子使用卫生纸。老师要做的是,想办法改变这个孩子,这是老师的责任。

学校里每一件与学生有关的事情,首先要把学生看作好人,而非坏人,不轻易给学生"戴帽",这样,建立在信任基础上,什么事都好沟通。信任是人类古老的话题之一,也是衡量一个社会文明程度的重要尺度。

这卷纸悄悄建立起了学校里师生之间的信任机制,对提高学生校园生活质量有直接的影响。

4. 呵护的智慧：童心玩耍，不用管

参观了几所名校，可谓高大上，让人耳目一新，赞叹的同时，我心底嘀咕着："这些都是学生想去的地方吗？"

由于城市扩张，人口增长速度快，新建的学校赶工上马，可能会遇到一些问题。我们的新校区建设就遇到这样的问题：为使校园绿化率达标，操场铺了真草，但不到一个月，真草经不起学生踩踏，很快石头便裸露出来，下雨天严重积水。

体育组老师呼吁：要重新翻修操场，维护学校形象。我们上报了明年的预算，没批准，理由是刚建好使用的操场，马上要翻修，于情于理说不通。于是，学生继续在这个坑坑洼洼的操场上做操、踢球、游戏……

老师们的心情可以理解，学生们可没想那么多，还是尽情地在这样的场地上玩耍。

一阵大雨过后，足球场上积满了水，到处是泥浆，20多个"小屁孩"照常在操场上你来我往地踢足球，溅起的水花浸湿了孩子们的衣裤，却依然没有降低孩子们玩球的热情，似乎操场上的积水增强了玩球的挑战性，激发了孩子们的斗志。

要不要把足球没收,狠狠地教训这些孩子?我的内心不停地挣扎。一群兴趣盎然的孩子,一场精彩绝伦的足球赛,我于心不忍,不忍心磨灭孩子们的狂野之心和本属于他们爱玩的天性。

我们需要这批"野"孩子,在坑坑洼洼、到处积水的足球场上踢球,日后若在条件好的足球场上岂不是更能运球自如、得心应"足"吗?

也许,条件不够好并非坏事!气派的校门、光滑的地板砖、豪华的玻璃外墙,这些光鲜亮丽的地方给人视觉上的美感,但绝非孩子们能"野"的地方。

光鲜亮丽的校园乍一看,漂亮;一个星期过后,也没新鲜感了;一年过后,就视觉疲劳了。投下重金,挪不动,移不走,换不掉,只能给参观的人一次性新鲜感而已。

过分追求校园环境的高大上,就会失去人的高大上的追求。环境不能靠赠予,而要靠努力生长,这样,环境才会有讲不完的故事,这样的环境故事会深深地影响一代又一代人。只有校园的每一个地方都是获知、实践、玩耍、探究、感悟、成长的地方,才有利于培养高大上的人,这样的校园才能算是高大上。

如果是这样,校园环境就应该从固化走向活性,从视觉走向心觉,从学校提供走向师生共创与生成。

学校条件不够好,没关系,学生有玩的地方就行。学生玩得很疯,不要紧,开心就好。呵护学生天性,不是一句空话。现实中更多的是,仅仅一个"为了学生安全"的借口,就可以让学生无处"撒野"!

是否对学生管得太"硬"

1. 探究的智慧:"问题学生",对症下"药"

一年级新生阿宝爱打人,众人皆知,与其同班,人人自危。第一个星期,就有被阿宝欺负的孩子的家长到学校来讨"说法",还有家长在微信群里联名要求学校开除阿宝。有的老师也产生这种想法,觉得这是个特殊的孩子,应该到特殊的环境里接受特殊的教育。

因此,改变阿宝成为校长、班主任、任课教师乃至门卫的一项重要工作,也成为改变全校每个人教育观念与教育方式的重要契机。

阿宝为何有暴力倾向?阿宝暴力倾向背后到底发生了什么?班主任李老师约见家长,真相逐渐浮出水面。

这是一个极度缺乏爱与安全感的孩子,父亲去世,母亲单独抚养两个孩子,为了生计,很少陪伴阿宝。由于缺少运动,孩子严重缺钙与锌。

我专程向北师大的边玉芳教授请教,边玉芳教授从脑科学的角度提出了改变阿宝的建议,相关老师也多次进行专题研讨,最终形成了三个教育策略。

1. 运动是治"病"的最好良方。给阿宝一个"支点",让阿宝产生精神寄托,这个"支点"就是运动。阿宝喜欢上了跳绳,受到校长、老师的关注,每天要展示其跳绳水平,从1分钟5次、23次、34次、53次,到120次,一个月下来,阿宝的跳绳水平令人刮目相看。在老师的引导下,他又喜欢上了拍球,一次能拍450下,震惊了全班同学。运动的时间多了,钙元素的吸收快了,注意力转移了,打人的次数自然减下来了。

2. 强化是改变阿宝的有效策略。不打人成为阿宝进步的第一个台阶,强化不打人的意识成为老师的跟进工作。班主任李老师是个很有耐心的人,只要阿宝不打人,就给他加一颗星,打人就减一颗星,得到一定数量的星就会奖励他一个礼物,以此强化他不打人的意识。阿宝每天上学,总会向站在校门口的校长汇报:"今天没打人",与校长一起分享成功的喜悦。

3. 表现是改变阿宝的重要方法。有意识地创造机会让阿宝展示成为每一位任课教师的共识,体育老师刘老师与林老师成为阿宝的知心朋友,总会在适当的时间让阿宝秀一秀他的"绝技",阿宝的表现从不让老师失望,慢慢地,阿宝成为一年级体育成绩最好的学生。体育老师发现他是个运动天才,就特意安排他与六年级学生一起跑200米。让人不可思议的是,他竟然比高年级学生跑得快,体育老师就把他特招进了田径队。

阿宝的改变带动了老师们观念与行动的改变。

首先是认识。世界上没有天生的坏孩子,只有需要帮助的孩子。老师的责任,不就是在孩子的成长道路上给予指引和扶持吗?

其次是爱心。老师们向阿宝伸出了温暖的手，每天牵着他进学校，牵着他去上课，牵着他到操场，牵着他出校门，这是约束，也是指引。慢慢地，阿宝不用牵着老师的手，在班级队伍里与同学牵手，和睦相处。

最后是专业。不专业的爱，反倒是害。爱上运动，转移注意力；强化意识，滴水穿石；提供平台，表现自我。这些，都是儿童身体学和心理学理论在教育实践中的成功运用。

于是，学校里的每个人都重要，一个都不能少。老师们教育学生如何正确对待特别的同学并与他们良好相处；班主任耐心地和其他孩子的家长们沟通、解释，获得家长们的信任和理解；年段长和老师们一起讨论转变孩子的方法；校长还特意交代学校保安、保洁人员：我们有一个特殊的孩子，看到他时，希望你们也牵起他的手，一起教育他。

整个学校都在帮助他转变，整个学校也因为帮助他而发生改变。特别是对于老师们来说，帮助他的过程，不也是自己思想蜕变的过程？

像阿宝这样的学生，我们要拿出临床医生一样的专业精神，探究其行为背后的原因：他需要的是被重视和信任，做坏事可能就是为了引起他人的注意，找寻存在感。知道症状后，我们便可下"药"了：转移他的注意力，通过任务驱动"占用"他做坏事的时间与空间。最后，"药"到病除：任务完成后，实现"他人肯定"到"自我肯定"的价值转变体验。

学生的"沉沦"有时是因为成年人过早地为他们贴上了"坏孩子"的标签，这要引起我们的重视！

2. 转化的智慧：改变学生，随机应变

20年前，我在龙岩市松涛小学工作期间，丰是我最难忘的一个学生。

那时，我被安排到三（7）班任数学老师，还没接触学生，一个家长就找上门来，说他的孩子丰从读幼儿园开始就喜欢打架，自己为此操碎了心。起初，我还没放在心上，上了一周的课，这个学生的"恶行"让我头疼。他的确是个"好战分子"，每天都得和别人打架，老师的批评教育，他是左耳朵进右耳朵出，毫无作用。

其他家长已经联名上诉了，要求学校开除丰。

我虽未当班主任，但给丰戒打架也是分内之事。我与班主任郑老师谈了我的计划，得到了郑老师的大力支持。

数学课上，我宣布了一个决定：从今天开始，值日班长由同学们轮流担任，首先由丰同学担任，任期一个月。我故意将任期定为一个月，以便实施我的计划。

"值日班长有两大职责：一是下课10分钟内将黑板擦得一尘不染，让上课老师看到我们班的黑板是最干净的；二是放学时打

扫班级卫生,将课桌摆得整整齐齐。值日班长的工作每周一评。我相信丰同学一定能当好第一任值日班长。"

如果丰能认真履行职责,就没有时间与别人打架了,因为打架往往是在下课10分钟和放学时间发生的,我为我的如意算盘而得意。

丰做得比我想象中的还好,我一进教室,首先向同学们提出两个问题:"今天的黑板是谁擦的,干净不干净?""今天的桌椅是谁摆的,整齐不整齐?"后来,我与其他任课教师达成一致,每个老师上课前都先提两个问题,以激励丰把工作做得更好。

两个星期很快就过去了,班队课上,同学们都表扬丰不和同学打架了,丰站起来不好意思地说:"这两周哪有时间啊,忙得我忘记打架了。"

我必须给他来点新鲜的:"班长是班级的领导,一个好的领导要能组织全班同学干活,下一期的板报由丰来安排,大家要积极配合。"因为以前"得罪"过许多同学,丰显得很为难。

这一周,我用心观察,发现他工作做得很辛苦,平时以我为中心、目中无人的丰这时变得低三下四,分配的任务,有的同学不当一回事,只有张远和陆捷帮忙。这一周,丰经常向我"告状"。板报终于出好了,不太理想,没关系,让他体会与他人合作的重要性才是我要达到的目的。我表扬了丰和配合出板报的几个同学。

最后一周,我又布置了新的任务:"一个优秀的班长必须是学习的强者,是班上的'小老师',明天开始,我会让班长当我们大家的老师,给大家上课。"我要把丰的注意力引到学习上来。

丰没想到老师把他抬得那么高,为了当好"老师",他必须提前自学,我也会对他进行课前辅导。没想到这"小老师"当得真不赖,课上得有板有眼,课堂变成了大小两个老师在上课,也许这是我教学生涯的一个"创举"。

从此,丰变得更加用功:三年级上学期还未结束,他已学完了全册的内容;到了四年级,他已完成了六年的学业;小学毕业时,听说他把初三的内容全学完了。

让我担心的是,他上课越来越不专心了,但又找不出理由教育他,因为他每次考试都考第一名。他说:"课上的内容全懂了,强迫自己听,等于浪费时间。"我批准他上课时可以做别的事情,但提醒他不要影响别人。

他成了学校的"数学明星",摘掉了"打架明星"的帽子。

丰的转变过程让我回味无穷,到底是什么力量让他变成了好学生?"尊重差异""因材施教"等理念我们烂熟于心,但教育难就难在把理念转化为实践的智慧。学生是发展中的人,是不完美的存在,师道的真谛就是爱学生,无条件、有方法地爱学生,面对千差万别的学生,要有随机应变的转化智慧。

3. 悦纳的智慧：特殊学生，一样的爱

初到老校区时，我听的第一堂课是五（1）班的语文，认识的第一个学生就是五（1）班的文同学（下简称文）。

那天他迟到了，坐在教室最后一个独立座位，而且距离前面一排很远，可以看出，这是专门为他量身定做的特殊座位。

我就坐在文的旁边，他感到很别扭，装模作样地跟着语文老师读课文，其实他的学习根本没发生。做作业时，我尝试教他，才发现他连读题都存在困难，一个根本没有条件进入学习的学生，在教室里坚持坐了五年，需要多大的毅力啊！

我悄悄地问他："在最后面这个座位坐了多久？"他说不记得了，好像是从二年级开始的。班上的同学说，他基本上每天都迟到。我心想：好在老师没有因他迟到而罚站，安排他坐在最后，也方便他悄悄地进教室而不影响别人。

为了进一步了解文，我又听了几堂五（1）班的数学课，也慢慢跟文成了"好朋友"。文家庭非常特殊，从小养成了小偷小摸的毛病；有很强的人际交往能力，曾向我这个校长"走后门"，想帮他妹妹转学；集体荣誉感强，运动会上加油呐喊声叫得最

响；学习困难，但绝不是教不会的那类学生。

文是怎么走到这一步的？家庭因素绝对是第一位，父母纵容他的小偷小摸行为，对孩子的学习不管不问；学校老师付出了许多心血，但显得力不从心，只好安排他坐在最后面单独的位置，以免影响其他同学的学习。

长期坐在没有同伴的位置，这给他发出了一个强烈的信号：老师和同学们把我抛弃了；也间接地告诉其他同学：不要跟文玩在一起。文从此成为班上的异类。

一个长期没有归属感、存在感、价值感，看不到希望的人，他会做什么？怎么做？很明显，他会离我们教育的目标渐行渐远。基本上每天都迟到，因为他感受不到教室里的乐趣；常听人说，他又偷了东西，因为想干出点事情让别人关注……

文显然成为班级"拖后腿"的人，他所在的班级被"拖"到后面了，如果多出几个文，对班级的"破坏力"可想而知。

教育即影响，我们用什么来影响、引导他回归正道？为此可能要付出很多努力，但这是唯一的选项，别无他法。

首先，从调整他的座位开始，安排能监督他改掉坏毛病的同伴，重新找回归属感；其次，安排适当的工作，比如当考勤员，负责记录每天迟到的同学，体会价值感；最后，布置低水平的学习任务和与之配套的差异性评价，提供展示才华的平台，把文的注意力转移到学习中来，培育他的成就感。总之，让文的精神世界丰富起来、充实起来。

遇上文这样的孩子，请不要放弃！树立积极的心态，运用积极心理学理论，采用积极的教育手段，相信即将凋谢的那朵花能重新焕发出生命的活力!

文上初中了,个子也长高了。

一天,施老师在中小学语文学科衔接研究会上上了一节《猫》,我赫然发现文坐在最后一排,不是好久没来上学了吗?下课了,我故意接近文:"好久没看到你了!"文不好意思地回了我一句:"前段时间爷爷去世了。"知道他爱面子,在找借口搪塞我。我心想,回学校总比在家好!

一段时间过去了,施老师在 QQ 群里发的一则"招领启事"引起了我的注意:"文同学捡到……,请失主认领。"这家伙变好了!我深知,招领启事的背后是施老师的"用心",通过 QQ 向全世界宣布:文是好人!

前几天,中学美术组的书画作品在学校大厅展览,有几幅作品掉了下来。中午吃完饭,我刚好路过,只见几位中学生在忙碌着把画架上掉下来的画框重新挂上去,由于没有支撑点,只好叠放着。我在"暗处"观察,感到非常惊奇,带头做好事的竟是文!

又过了几天,我遇到图书馆的吴老师,她滔滔不绝地讲了她与文的故事:学生落在图书馆里的水杯被文以"送还"为由"借回"家了,第二天失主在图书馆找水杯,吴老师才知道:文没有把水杯还给失主,于是吴老师对文不依不饶,明确要求文在规定时间里归还水杯。

下午,吴老师发现,那个水杯悄然挂在图书馆门的把手上,水杯终于物归原主了。吴老师不忘告诉文:你是一个讲信用的人!

自此，文非常喜欢去图书馆，找到了"家"的感觉，文习惯翻看吴老师办公桌的抽屉，吴老师又明确告知：没经允许，老师的抽屉不能翻动。当其他学生打开吴老师办公桌抽屉时，吴老师故意请文过去"教育"：没经允许，老师的抽屉不能随意动……

了解文的老师都知道，文有一个"无可奈何"的家庭，是一个可怜人，学校老师没有落井下石，而是包容他，悦纳他，用无差别的爱滋润他。

我想，当我们认定他是好人时，自然会用好人的眼神、好人的语气、好人的举动对待他，让他体会到自己是个好人，好人就真的变成了更好的人。

文遇上了一批好老师是他人生的幸运，学校也因为有了像施老师、吴老师这样有爱心和用心的老师而感到无上光荣！

如果我们不抛弃文，让他在自然环境中成长，减少他的"负面影响力"，帮助他找到一个适合他的"工作岗位"，相信他的成长会越来越健康。

4. 影响的智慧：学校大厅，温馨文明

许多学校都会有空层大厅，我们学校也是。学校大门走进去上台阶就是一个大厅，大厅两侧大樑柱上分别镶刻着"为未来而教""为未知而学"两句话，这是学校的校训。大厅中间一堵墙，墙上也有一句话：教育即影响。这是学校的办学理念。很显然，这个大厅是学校最为重要的一个地方。

最重要的地方要服务最重要的人，最重要的人当然是学生、家长和老师。

大厅的左侧摆了一架三角钢琴。这三角钢琴不是摆设，每天早上学生上学路过大厅，能听到优美的钢琴曲，带着美好的心情开始一天的学习生活；每天中午学生去食堂吃饭，能听到优美的钢琴曲，带着美好的心情品尝美味的午餐；每天傍晚学生回家路过大厅，能听到优美的钢琴曲，带着美好的心情回家去。这架钢琴的表演台取名为"梦想舞台"，在这"梦想舞台"上，我遇见了很多的"小明星"和"小艺术家"。

大厅的右侧是学生作品展示区域，取名为"创意空间"，学生的美工作品、科技作品会定期在这里展出。在"创意空间"

里，我也遇见了许多的"小艺术家"和"小科学家"。不知何时，整个大厅变成了开放式的展览馆和艺术馆，各个学科的作品都爱在大厅展出。

"创意空间"的背后有一处私密聊天室。聊天室里有书架，书架上摆满了家庭教育的图书，还有沙发和茶具，沙发背靠的墙壁上挂了几幅家庭教育活动照片，主题是：最美的教育在家庭。原来这个聊天室是供老师跟家长"约会"的地方，取名为"家教驿站"。

"家教驿站"的使用率很高，家长与老师都爱到这个地方聊天。有了这块"宝地"，家长找老师就不用去办公室，一杯茶、一句话就能拉近家庭与学校、家长与老师之间的距离，有关家庭、学校教育的问题就在这块"宝地"上得到了很好的解决。

令人惊讶的是,在"梦想舞台"中间摆放了七年的那架三角钢琴还是完好无损,每个使用钢琴的孩子都能轻拿轻放,像宝贝似地爱护它。每年暑假,都是学校项目改造扎堆的时间,许多农民工进入学校施工,也不舍得触碰它;在"创意空间"里展出的作品有些是比较"贵重"的,虽无人值守,但从来没有人报告作品"失窃";为了方便家长、老师,"家教驿站"的门是虚掩着的,随时都可进入,但里边的环境任何时候都是干净、整洁的。

教育即影响,也许大厅正中间的这句话起了作用。也许,正是这些没人管的地方影响着每一个人。也许,没人管理就是最好的管理。

中 编

本质的力量：
把专业提升做简单

教学管理，没那么复杂

1. 务实的智慧：静下来，做真事

好学校，要有一位好校长，校长是一所学校的灵魂。一所学校只有一位好校长还不行，还要有一个好的管理团队和一批好教师。

与孩子们接触时间最多的是一线教师，一线教师的工作热情、专业水平、生命状态直接影响学生。因此，学校的教师很重要，或者可以这么说，办好一所学校的核心是教师。

校长最重要的工作是把教师培养成好教师，通过好教师去培养好学生。

教师在学校中的地位如此重要，好校长就要把教师放在心里，想在心里。

入职不到三年的康老师对教师工作的体会是"只能应付"。

如果教师的工作是"只能应付"，怎么可能做好工作，更不用说教师的幸福感了！

在校长论坛和教育类文章中，我们经常可以看到"提升教师的幸福感"这个话题，校长们关注教师的幸福感，从另一个侧面说明教师的工作幸福感不高。

我当老师时，也常常抱怨会议多、检查多、材料多、加班多，花在与教学不相干事情上的时间多……

以数学教师为例，如果平均每周12节课，每上一节课，配套一节备课，一节改作业，一周就要用36节课的时间做教学基本工作。另外，每周半天（四节课）外出教研或校本教研。再加上课后延时服务、家访、教师例会等，工作量真的不轻。

当校长后，我就思考可不可以让教师的时间花在教育教学之外的事务上，而要把主要时间放在与孩子们一起上，把主要精力花在备课、上课与改作业上。

让教师当真正的教师，就要把教师不必要的负担减下来，这样才能把教学质量提上去。

减轻教师的负担不容易，但校长还是可以有所作为的。

我给自己定了"三不政策"：一是上级来检查，尽量不让教师和学生知道；二是外面有人来参访，基本不让教师和学生知道；三是没有特殊情况，不安排教师加班。

其实，平时把工作做好，就不用担心检查与参观，更不用让教师加班加点了。

以往当教师时，太多务虚的事儿成了教师们成长的绊脚石。现在当校长了，我应该认真反思，汲取经验教训，务实求真，让教师做真事，真做事，安静做好专业的事情。

在我以前工作的学校，每周有一次全校教师会，经常被教师们吐槽；现在我当校长了，每个月开一次全校教师会，精心策划的月度全校教师会，"干货"多、创意多、交流多、收获多，教师们多有期待。

以往当教师时，只要有领导来学校检查，必然提前要求做好校园卫生；现在当校长了，我不要求做过多的准备，让领导检查学校原生态的工作，用"第三只眼睛"帮助我们找出发展中的问题。

以往当教师时，每个月有一次教案检查，经常为应付检查而抄教案到深夜；现在当校长了，我更多的是到教室听课和参加集体备课，帮助年轻教师答疑解惑、诊断帮扶。

以往当教师时，学校关注的是教师每天上下班的考勤；现在当校长了，我更加关注的是校本教研、课堂教学、教师例会等的考勤，根据不同岗位的特点，尝试弹性上下班。

以往当教师时，经常遇见教师对学校绩效奖分配不公而发牢骚；现在当校长了，绩效分配方案请"局外人"设计制定。给自己定规矩，校长的绩效奖工资是全校教师的平均数，不发加班补贴。

……

让教师安心点，静下来，做真事，是我这位校长的使命与担当。

2. 选择的智慧：管住胃，吃出味

对于校长来说，学校办食堂是自讨苦吃的一件事，也是风险极高的一件事。

为了全校师生能安心工作和学习，办食堂是值得冒险的一件事。

办好食堂又是一件特别"烧脑"的烦心事，就像下棋，步步是"坑"。

第一步"棋"是供餐方式的选择。

食堂提供饭菜主要有两种方式：一是配餐制，二是点餐制。配餐制即食堂配好餐，每个人吃的饭菜基本一致；点餐制就是需要什么，就向食堂工作人员点餐。配餐制不顾及人的喜好，想吃的、不想吃的，爱吃的、不爱吃的可能都会遇上，结果是造成了不必要的浪费；点餐制虽然能吃上自己想吃的，但多少由不得你，有时也造成浪费或吃得不尽兴。还有一种方式就是自助式，自己动手取饭菜，在食堂提供的饭菜样品中，想吃什么就取什么，想吃多少就吃多少。

自助式是老师最为喜欢的，而食堂管理人员就难了，难以把握各类饭菜的量，似乎容易造成浪费。就食堂管理人员而言，最简便的是配餐制，配餐制操作性强，只要知道食堂吃饭的人数，就准备相应数量的餐。

采用哪种方式，学校有决定权。是为了让食堂方便操作，还是让老师吃上自己喜欢的饭菜，就要看"为了谁"。老师在食堂吃饭，学校请餐饮公司办食堂，是购买服务，也就是说，老师是顾客，顾客就是"上帝"，因此，首先考虑顾客的需要，采用自助式，让顾客满意。

那么，食堂管理就面临挑战，每天无法确定光顾食堂吃饭的准确人数和不同食客的喜好，准备得多，就亏了，准备得少，顾客不满意。这些也是所有在大街小巷开餐馆和酒店老板们面临的问题，有时亏，有时赚，全凭各餐馆和酒店的管理水平。

食堂有没有办法解决问题呢？有！

老师外出参加教研活动或外出办事的时间是相对固定的，一段时间的运作基本能测算出稳定的"客源"，就大致能确定基本的饭菜量；老师去食堂吃饭的时间也是有先有后的，就要随时关注人数的变化与饭菜的消费情况，随时增加所需的饭菜。这样，浪费的问题就解决了。

让人担心的是，自助式用餐会不会造成更大的浪费？

半年过去了，自助式用餐让食堂经理很意外：与同类学校相比，自助式用餐比配餐式更能节约成本，两所学校的满意度大不一样。只有自助式就餐，"光盘行动"目标才能真正实现；只有自助式就餐，才能满足老师们不同的需求和喜好。

校长是食品安全的第一责任人，但大多数校长没有经营食堂的经验，后勤人员也都是"门外汉"，食品安全关谁来把？这是办好食堂特别"烧脑"的第二步"棋"。

机缘巧合，因为有了食堂，我认识了市场监管所所长老汤。老汤所长非常热心，也很关心学校食堂建设工作，由此我们成了好朋友。

我与这位好朋友之间有个约定：不定期检查学校食堂。老汤每次来看我都不打招呼，而是直奔食堂，来一个"突击检查"，然后给我打个电话，我把他邀请到办公室喝茶聊天。

正是这个喝茶聊天，让我越来越专业，也让食堂长期坚持规范运作。

食品安全部门都说我们的食堂办得好，老师们也说我们食堂的菜味道好！老汤立下了汗马功劳。

我们期待食堂增加饭菜的品种，提高饭菜的质量，从"吃得好"开始，逐步把食堂变成学生的课堂、育人的场所，让食堂成为学校的"食育课程"。这是办好食堂特别"烧脑"的第三步"棋"。

我们首先让食堂成为劳动教育基地。食堂许多"活"是学生志愿者做的，装饭、打汤、垃圾分类管理、清洁卫生等都是学生做的；食堂后面开发了块菜地，命名为"耕读乐园"，菜地里的菜、瓜是学生在老师指导下种养的，等菜、瓜成熟后，同学们采摘、清洗、切菜、煮菜、分菜、尝菜"一条龙"体验劳动的快乐。

其次是让食品安全成为学校模块课程。学校与市场监管所合作开发《我身边的食品安全》校本教材，食品安全成为学校九年一贯的校本课程，让学生关注身边的食品安全，学习食品安全相关常识。

最后是让食堂成为习惯培养的好地方。饭前饭后都洗手，排好队伍"一米距"，轻声细语不吵闹，厨余垃圾要分类，好习惯在食堂里养成。

我们学校在当地有点名气，是从"食"开始的。一群高品位的人在食堂吃出了高品"味"。

走好办食堂这一"烧脑"的棋局，步步是选择。智慧的选择源于底线的坚守：管住胃，吃出味。有底线，底气自然来！

3. 怀疑的智慧：做工作，不折腾

我到教工之家，看到教学中心的叶主任在忙着准备迎检材料，才知道过会儿有专家到校检查"融合教育"工作。

"融合教育"的主要工作有：资源教室的布置和使用情况、常态课堂是否有关注随班就读学生、"融合教育"的宣传氛围……

上午检查过后，专家们觉得离市级达"优"有一定距离，要求把材料补全，迎检团队只好利用晚上、双休日加班补材料、做宣传展板……

周一早上，学校大门口的两块展板引起了我的注意，内容主要是宣传抑郁症与自闭症的有关知识。我无意中看了下抑郁症的几大表现症状和自闭症的四大现象，发现自己基本都出现过这些症状，开始怀疑自己是否有病。这样的知识普及居然让我怀疑人生！

我真的有抑郁症和自闭症吗？没有。

孩子们进入校园，看了展板上的内容，他们又有什么反应呢？我想，他们也会像我一样怀疑自己是否有病。

资源教室门外也挂着两块有关有智力障碍的儿童的宣传展

板，孩子们一定会有这样的想法：资源教室是给有智力障碍的儿童上课用的，在资源教室上课的那几个学生有智力障碍。

还有一项检查内容也让我难以理解：老师的教案里必须有针对班上特殊儿童的教学过程。课堂上刻意设计一个针对某个特殊学生的教学过程，不就是给其他孩子看"笑话"吗？

检查的内容本质是告诉学校该怎么做"融合教育"。如果是这么做"融合教育"，不就是在每天给特殊儿童贴"标签"、戴"帽子"吗？

我越想越害怕！

检查完后，我赶紧吩咐有关老师收起宣传展板，我不想学生像我这样的成年人一样"对号入座"。

前段时间学校请全国知名专家入校诊断，参观完学校的心理咨询室，一位专家不经意间进出一句玩笑话："自从有了专业心理老师后，学生们的心理问题越来越多了！"大家觉得似乎有一定道理。

难道是心理老师搞的"鬼"？显然不是。

自从配备了专职心理老师后，学校对心理健康教育就开始重视起来，每所学校在人员、装备等方面都给予足够的重视，花费了大量经费建起了心理健康教室、心理咨询室、心理拓展室、资源教室等，开始进行专业化的心理课程实施。

然而，令学校校长、老师们头疼的是：心理有问题的学生越来越多，因心理问题出现的跳楼等事件频繁发生。据《2022年国民抑郁症蓝皮书》的报告显示，我国患抑郁症人数超9500万，在校青少年成为抑郁症情况较为严重的群体之一，抑郁症患者人数呈上升趋势，而且越来越低龄化。

投入与产出似乎不成正比，甚至相反。我们就不得不反思如何改良学校的心理健康教育。

学生走进心理健康专用教室上课，会不会有心理压力？学生走进心理咨询室，会不会对号入座？老师建议学生找心理老师，是不是心理暗示？……

我不是心理专业的老师，但明白一个基本常识：学校的心理健康教育不能在学生心里留"痕"。1945年，罗杰斯到芝加哥大学建立了一个咨询中心，就叫"来访者中心"，以此倡导一种全新的理念——"以来访者为中心的治疗"：把"患者"改称"来访者"，避免暗示这个人"有病"或"正在被治疗"，在心理治疗中，以来访者的经验、感觉为中心，相信他们对自己的问题有足够清楚的认识，并且相信他们有足够的潜能恢复健康。罗杰斯的实践智慧给了我们启示：学校任何工作应以学生为中心，帮助他们健康成长，从而过上完整的幸福人生。

把有关宣传展板撤掉，把教室的名字改掉，心理健康课在常态教室上，让每位老师、家长都具有基本的心理学知识，心理健康教育在学校工作、各学科课堂、学生活动中悄悄渗透。

随班就读，就在正常的环境下读吧！不要折腾随班就读工作了，让学校安静点，让老师安静点，让学生过上正常人的生活。

做工作，不反常，不乱折腾，需要有独立思考的怀疑精神。

4. 服务智慧：简单事，大影响

全区教师表彰大会结束后，参加会议的先进教师代表领回了一叠荣誉证书。

学校庆祝教师节的大会昨天开过了，这些迟来的证书什么时候发？怎么发？这些问题让我纠结。

一般的做法是，通知获奖人员到办公室领取，省时又省事。但我总觉得不太合适。与班子成员商议，想到了一个绝妙的办法：把荣誉证书送到老师的教室、办公室里去。

于是，我捧着一叠证书一幢一幢楼地去找证书的主人，把证书送到老师的手上，并留下珍贵的一张张照片。

吴老师正好在上课，只好占用她几分钟时间了。我微笑着向吴老师示意，吴老师把课停下了。我走进教室，面对全班同学说：很抱歉，打扰大家上课了！我们吴老师被评为区优秀教师，校长特地给她送来了荣誉证书。

我把证书郑重地交给了吴老师，吴老师激动地捧着荣誉证书，教室里响起了热烈的掌声。

听说林老师在备课室参加集体备课，我来到三楼备课室，轻轻地推开门，备课组的几位老师很是意外。

"打扰大家备课了，林老师获得了'区优秀德育工作者'称号，我特地把证书送来了。"

林老师很开心地和大家合影留念。

这时，正逢小学部大课间活动，在操场上我看到了区优秀班主任黄老师的身影，她正与同学们跑步，我们走进广播室通过广播公布：同学们，黄老师被评为海沧区优秀班主任，请黄老师到主席台领奖。操场上响起了一阵欢呼声。

……

送完20多份证书花了近半天时间，可我觉得，这时间花得值！

通知老师到办公室领证书，校长的时间节省了，老师花费了领取证书的时间；校长把证书送到老师的工作岗位上，校长花了许多时间，而老师却节省了时间。两种不同方式的背后折射出不同的观念：老师领，效率高了，体现的是管理意识；校长送，时间长，效率低，但有温度，体现的是服务意识。

把证书送到办公室、教室、备课室、操场等老师工作的地方，老师们颇感意外，随之而来的是惊喜，学生们、同事们在随机的场合共享获奖教师的快乐，是一种无形的影响。

校长是学校的管理者，管理，即管事理人，理的是心，是尊重和成全。让老师感受到校长的关注、理解、支持和肯定，唤起老师工作和研究的热情，需要校长有强烈的服务意识。

我忽然感觉到：服务是更高质量的管理。

"教育即影响"是"进修附校"的办学理念，评选"最有影响力的人和事"成为学校每年教师节前的一件大事。

评选"最有影响力的人和事"活动悄悄地进行，可谓煞费苦心。

"最有影响力的人和事"的推荐人可以是校级领导、中层干部、年级组长、教研组长，也可以是一线教师，也就是说，学校里的每一个教职工都可以是推荐人，推荐人负责提供推荐词和相关影像资料。被推荐人有些是一线教师，也有部门、年段管理者，还有物业、食堂工作人员，甚至有给予学校大力支持的家长和社区负责人。

推荐工作相对保密，被推荐人往往"蒙在鼓里"，在庆祝教师节大会上才会公之于众，每位被推荐人看到自己的照片，听到主持人的推荐感言而倍感意外。身边的一个个人和一件件事感动着在场的每一个人，深深地影响着每一个人，每个人都在学校的大家庭里因被关注、被认可而充满了归宿感、价值感。

我想，悄悄地颁奖，更能触及人、感动人、影响人。

专业提升，就那么点事

1. 关系的智慧：搞定"三个人"

师范毕业时，我的班主任王老师说："当老师的第一个五年，如果没有出成绩，这辈子就那样了！"很庆幸的是，教书第三年开始，我就参加了县里的思品赛课，得了二等奖。虽然是二等奖，却引起了教研员的关注。接着我又参加了县里和市里组织的数学赛课，获得了县一等奖和市二等奖。正因为市里这个二等奖，我又赢得了市教研员的青睐，被推荐参加全国自然学科（现名为科学）的赛课，获得了一等奖，这引起了市教委领导的重视，给了我从山沟沟里"坐火箭"到市直学校任教的机会。就这样，我五年内完成了第一次飞跃。

有人说"一次赛课，相当于五年的成长"，我深切地体会到了。30多年过去了，仔细回味王老师说的"出成绩"，才发现"出成绩"其实是不能与赛课完全画等号的。赛课的目的还是教好学生，能教好学生的老师才算得上是好老师，教好学生而成为好老师，就应尽快搞定"三个人"。

第一个人：学生。搞定学生，让自己成为学生喜欢的老师。学生喜欢的一定是阳光、大方、有亲和力、幽默风趣的老师，很难想象，学生会喜欢一个整天没有笑容、愁眉苦脸、经常发怒的老师。学生喜欢的一定是在课堂中不断引发学生思考、引导学生发现，让学生充满求知欲望的老师，很难想象，学生会喜欢一个让人无精打采、云里雾里、索然无味的老师。学生喜欢的一定是在工作中严格要求学生，却又能让学生建立自信，对未来充满希望的老师，很难想象，学生会喜欢一个经常抱怨、传递负能量，让人对未来失去信心的老师。

第二个人：家长。搞定家长，让自己成为家长信服的老师。让家长信服的老师，一定是对工作认真负责的老师，家长担心的是老师责任心不强。让家长信服的老师一定是工作能力强的老师，家长担心的是老师所任教的班级成绩差。让家长信服的老师一定是沟通能力强的老师，家长担心老师的教学行为会对孩子造成伤害。教师要用自己的专业能力与自信说服、改变家长，让家长与自己同心协力，而不是背道而驰。

第三个人：自己。搞定自己，让自己成为自我成长的老师。要搞定前两个人，必先搞定自己。搞定自己，先要对自己好一点。对自己好一点，最重要的是培养自己对教育、对学生的爱。如果没有对教育、对学生的爱，你就会有无尽的烦恼；有了爱，你就能摆正心态，消除烦恼，面带微笑地迎接新的挑战。搞定自己，要对自己"狠"一点。对自己"狠"一点，最重要的是决心与信心。成为好老师的背后一定有汗水、有泪水，有了决心与信心，汗水与泪水就会产生"利息"，给你带来丰厚的回报。搞定自己，要让自己强一点。让自己强一点，最重要的是提高自己的专业能力，通过阅读、磨课、反思、科研，努力把自己增长、拉宽、长高。

把握住第一个五年的黄金发展期，尽快地搞定学生，搞定家长，最重要的是搞定自己。

我们学校绝大部分的老师教龄还不满五年，都处在专业成长的"黄金期"。把握好第一个五年专业发展的"黄金期"，做好青年教师专业发展工作，是学校发展的重要任务。

2. 综合的智慧：补上阅读课

十年前，我所在的学校为了鼓励与引导教师阅读，培养阅读爱好者，成立了读者协会，举办阅读沙龙，但参与者大多是语文教师。似乎阅读之事，天然是语文教师的事儿；似乎引导学生走进阅读世界，学会阅读，爱上阅读，是语文教师日常工作的重头戏。

其实，引导学生走进学科阅读的世界，所有教师都责无旁贷。对于与符号、形体等语言打交道的学科教师而言，同样需要阅读。之所以特别强调学科教师在教学的过程中不应忘记读书，是因为我深刻体会到：阅读，是专业成长中不可或缺的秘密武器。

回顾与反思名师的课堂，会被他们的教学艺术折服：有内涵，有张力，让人回味无穷；有思想、有深度，让人终生难忘。当静下心去研究不同名师的课堂，你就会发现，名师的课堂虽各具个性与特色，但其成功的共性规律，即课堂的背后是教师的修炼，而教师修炼的主要方式是阅读。是阅读让他们把学科与科学接轨，与艺术融合。

如果想提高自身的专业素养，不断从教学中获得专业尊严，但你又在忙碌的工作中，日渐与书本疏远，那么，赶紧补上阅读这一课。怎么补呢？在我看来，教师的阅读是综合的艺术，不妨从以下三个层面去"补课"。

一曰，"补高"。教师需要读通课标，读透教材，读懂学生。读通课标，才能找准教学的方向；读透教材，才能明确教学目标和重点难点；读懂学生，才能制订适合学生的教学方案。课标与教材是"实"的读物，学生是"活"的读物。读懂学生，需要读儿童教育学与儿童心理学等理论书籍，掌握儿童的认知规律、成长规律，包括儿童生理、心理的发展规律。补上教育理论书籍这一课，可让你的教育教学工作高屋建瓴、深入浅出、游刃有余，所谓"补高"也。

二曰，"补短"。此处之"短"，特指两个方面：第一，就学科教学而言，无论你多厉害，你在本专业的教学实践中，总有自己的短板或瓶颈。突破的有效途径就是钻研本专业的书刊，与高手为伍，吸取他们成功的教学经验，提高学科教学能力。第二，囿于教学严谨性、科学性的学科特点，教师往往拙于表达，教学语言准确无误，却干瘪无味，难以吸引学生。要想让课堂像磁铁般吸引学生，最好的办法是大胆"跨界"，善于取长补短，比如，数学教师可读一些语文名师的书，尤其是他们的精品课堂实录，"偷学"他们的课堂语言，让自己的课堂语言生动起来。

三曰，"补宽"。除了专业书籍，教师应广泛涉猎，读一些哲学、社会学、经济学、文学等方面的书籍。教师的视野宽了，就能从教学走向育人，实现从教知识与学知识到培养人的转变，就能从学科认识上升为课程意识，拓展教学的宽度、厚度与深度，就能站得高，望得远，不仅教在当下，且能成就未来。

学校开始组建教师"阅读共同体"，每个学期给全体老师送一本书。每次教师例会有一个规定动作：用抽签方式，让教师进行阅读分享。

我们期待，补上阅读这一课，让教师阅读成为一种习惯，让学校的"长""宽""高"悄悄生长。

3. 改良的智慧：爱上教师会

学校里的教师会一般每周一次，校级领导坐在主席台上，总结上一周的工作，布置本周或下周的工作。

每一次教师会的主讲都是校领导，老师在台下听，跟自己有关的做做笔记，会后贯彻落实，完成领导安排的各项工作。但许多内容跟一部分老师有关，与大部分老师无直接关系，所以，会场上有改作业的，看手机的，写教案的。

学校领导经常强调课堂教学应以学生为主体，教师为主导，可教师会变成了领导训练口才的会议，是校领导的会，老师并不乐于参加。如何把教师会开成真正的教师会，提高会议的质量，让每位老师会后都有所收获？

我想，教师会必须改良。

改良一：把领导席去掉，校级领导坐在教师中间，部门领导与年段教师坐在一起，拉近与教师的距离。

改良二：由过去的领导主讲变为教师主讲，把工作布置会变为工作分享会。

改良三：由过去一周一次变为每月一次，减少大会，增加小会。

为了让教师会更能吸引老师,更贴近老师的工作与生活,我们会组织几分钟的开场热身活动,如学几句闽南语、跳一曲《小苹果》、搞一个心理拓展、推介一个独门绝技等,给当月过生日的老师送一份祝福。

教师发展中心会精心策划每月的主题内容,每期会邀请三至五位老师分享交流教育教学经验,或是组织教育教学论坛。老师们讲身边的教育故事,谈近期的教育心得,论质量创新之道,传递教育正能量。教师会上有欢声笑语,有感动的泪花,有幽默互动,老师们有感触、有碰撞、有共鸣、有收获,整个会场看不到改作业的、写教案的、看手机的老师。

教师会把最重要的位置给了老师。少了点"官气",多了点"师气",成了教育教学的专业论坛会,各学科一线老师为自己发声的大会。老师们发出感慨:一直以为自己很辛苦,原来其他学科、其他老师比我们更用心!老师与老师在会上互相影响、互相借鉴、互相促进,教师会变成了交流会。

教师会把最重要的任务给了老师。无论是主持人,还是主讲教师,都需要会前精心准备,以便会上用最精练的语言传递信息;会上还有特聘"专家"的总结点评。老师们在推荐自己的教学观念或教学经验时锻炼了口才、提升了能力、表现了自我,教师会成了展示会。

教师会把最重要的讲台给了老师。每次会议都有明确的目的,鲜明的主题、精心的组织和充分的准备,学校的办学理念、课程思路、课堂文化、活动意图等,通过一线老师的践行得出的心得、体会、经验等来传递，增强文化认同，达成知行合一，教师会成了宣讲会。

各级各类的教师业务能力比赛，学校老师硕果累累，获奖率高，学校每次都获"优秀组织奖"。我想，这跟教师会的改良有一定的关系。

这样的教师会，是老师们所期待所爱的会，因为它是促进教师专业成长的会。

4. 支持的智慧：搭建新"阶梯"

在厦门市教师教学技能比赛中，学校教师获奖人数与奖次位居全市前列，又一次取得了好成绩。

为什么学校教师参加市区组织的教学能力比赛都能取得好成绩，学校多次被评为先进单位？我心里很清楚，首先得益于学校给的第一个台阶：校本研修。

对于年轻学校的年轻教师来说，校本研修最为重要的是集体备课，也就是说先要让年轻教师立足课堂，做到质量保底。为了让集体备课做扎实、有成效，研究一节课需要做到"四备"。

一备：每位老师独立备课。

二备：备课组集体备课。

三备：教研组一位老师公开教学，评课议课，集体再备。

四备：备课组老师再次上课。

年轻教师集体备课取得实效的关键是"引路人"，或者叫"首席"。

"引路人"或者"首席"从哪里来？学校里没有，一定是从学校外面来。

第一个请来的是当过十多年教研员的张老师。张老师是资深中学语文特级教师、正高级教师。有了他，学校教科研、语文教学就有了"引路人"。在他的谋划与指导下，学校教育科研工作很快进入正轨，校本教研、教师培训、教学比赛成绩凸显；语文学科坚持"读写融合"课堂转型，逐渐发展成为强势学科。

中学数学组请来了市教科院刚退休的温老师和江苏南通的特级教师陆老师。在他们的指导下，数学组老师成长得很快，形成了自己的课堂教学基本范式，课堂教学效率有明显提升。

学校为物理组请来了厦门市第六中学特级教师陈老师，为英语组请来了专家吴老师，为地理组请来了市教科院退休的专家李老师，为生物组请来了厦门市五中原教科室主任张老师，为体育组、音乐组请来了著名教练和音乐教育专家……建校几年来，学校聘请的专家有十多位，他们都在学科组建设方面起到了至关重要的作用。

有了学科"首席"，老师们申报课题、开展课题研究很快就上手了，申报的课题和课题成果越来越多；有了学科"首席"，撰写论文、论文发表就有了引路人，论文发表的数量越来越多；有了学科"首席"，命制试题和校本作业的研制就有人把关，试题与作业的质量越来越高……

一个"首席"会培养出另一个"首席"或几个备课组"首席"，学科"首席"数量增加，这个学科就越来越强大了。

学校给老师的第二个台阶：校际交流。

学校搭建了三级交流平台，与本地优质校、内地帮扶校、外省名校建立教学联盟。

与本地优质校在一起，会让自己更优质；与内地帮扶校在一起，会让自己更坚定；与外省名校在一起，会让自己思维更开阔。

每一位老师参加校际交流，回来就像换了个人似的。潘老师与林老师到帮扶校送教，才悟到"身在福中不知福"的道理，对学校的认同感增强了不少；钟老师与陈老师与合作校"同课异构"，点赞学校提出的课堂文化好；朱老师与吴老师到省外名校学习，回来津津乐道，很受启发；有些学科与优质校一起命制试题，老师们都说学到了不少东西……

外出教学与经验分享，都会收到一张开课与讲座证书，许多老师从那一刻起开始职业蜕变。

学校给老师的第三个台阶：课题研究。

每所学校都会鼓励老师做课题研究，但实际效果不明显，与预期有不少差距，这是因为不少课题研究与学校文化、教学实际、日常教研、专业发展是脱节的，难以形成一个整体。我们倡导"问题即课题，实践即研究"的理念，鼓励老师从教育教学实际问题出发，先从校级微型课题做起，积累了一定的经验、取得一定的成果后，再申报区级、市级、省级课题。学校出台了《教育科研课题管理办法》，提倡"学科有课题，人人都参与"，开题论证、中期检查、结题鉴定做得有模有样；组织申报、研究指导、活动推进、成果展示做得扎扎实实。时间不长，学校就做到了校级课题全面覆盖，区级课题整体推进，市级课题屡获立项，省级课题申报成功，学校也被评为福建省教育科研创新基地校。

课题研究成了校本研修的一种形式，让校本研修有了明朗的主题；课题研究与日常教学研究活动结合在一起，让教研活动有了更加明确的方向；课题研究与教学实践相结合，让教学活动更加科学，也更有活力；课题研究与教师专业发展相统一，让更多的老师走上了研究之路，成了研究型教师。课题研究助力教师成长，数十位年轻教师在区市各级各类教育教学比赛中脱颖而出，屡获佳绩，一大批教师的研究论文、经验总结、研究案例、教育故事等在各种比赛中获奖，并发表于区、市、省级教育报刊。

在我们学校，课题研究成了一种文化，一种追求，一种境界。

一所新学校，一个平均教龄不到五年的团队，因为支持和鼓励，屡屡收获令人惊喜的回报。

学校制度，不用太僵硬

1. 弹性的智慧：考勤，也要有温度

我新到一所学校任校长，每个月教师绩效工资发放时都需校长签字，签了几次后发现：甲老师与乙老师每个月都会被扣300元的考勤奖，原因是他们每天上班都迟到。

办公室主任说，他俩的考勤奖已经被扣了好几年了。

设置考勤奖的目的是鼓励老师们每天准时到校上班，但考勤奖被扣的老师仍然迟到。显然，扣考勤奖并没有起到考勤的作用。

甲老师与乙老师迟到了，但因为扣了考勤奖反而没有心理负担了，倒由此养成了迟到的习惯，其负面影响可想而知。

我最担心的是这两位老师上课迟到、开会迟到、教研迟到……后来，观察后发现他俩上课不迟到、开会不迟到，教研也不迟到……

网上有一句时髦的话：三流校长抓考勤，二流校长抓教学，一流校长抓文化。对呀！一流的学校真不是靠抓考勤成为名校的。

我把此问题摆在校长办公会上讨论研究，商议了解决的办法：一是修订考勤制度，把重点从考勤每天到校和离校时间转向备课、上课、开会、教研等教学常规上来；二是多关注与关心个别老师，定期谈话，了解他们的实际情况；三是为每天早上班的老师解决早餐问题。

为什么要想办法解决老师们的早餐问题？因为需要老师早到学校。

老师们必须比学生早到学校，才能保证学生的安全；早到学校，才能提前做好上课准备，提高课堂效率。解决老师的早餐问题，可以减轻老师的煮饭负担，也可以鼓励老师早到学校。

考勤制度修订后，在食堂吃早餐的队伍中，每天都能看到那两位老师的身影。我过去打招呼，甲老师说：迟到就吃不上早餐了。

我明白：他们每天准时到校的主要原因其实并不是早餐。

为什么不能太计较老师们到校与离校时间呢？因为这很难操作。

学校领导或老师当天去校外办事、开会、教研，由于地点问题，一般不会先到校签到再外出，而是直接前往；老师平时总有些如去医院、去银行等急事临时外出；上班时遇到堵车或其他不可抗力……如果真要考勤到位，需要耗费太多的行政成本。

为什么要多关注与关心特殊老师呢？因为特殊老师的负面影响大。

与甲老师与乙老师交谈中我发现，他们迟到的主要原因是其工作不被人看见，对工作失去了信心与希望。重新点燃他们的工作热情，安排他们到更能体现工作价值的岗位也就成了学校重点考虑的一个问题。

其实，老师的工作量是很难用考勤来衡量的。老师的备课、改作业普遍是在每天八小时之外完成的，八小时之外的工作又如何考勤呢？

近几年，学校提供课后延时服务，老师们在校工作时间延长，有时还要做午间或晚自习管理，工作量大，负担重，必须在考勤制度上改进，以减轻老师们的工作负担。

弹性考勤制度呼之欲出。根据不同学科教师的工作特点采取不同的考勤方式，如图书馆老师的考勤，图书馆老师没有午间休息，下班比较晚，他们上班时间为每天10点前；周末开放图书馆，周一至周五就有相应的闭馆日。又如音乐、体育等学科教师在午间、双休日有训练任务，可以推迟上班时间。

弹性考勤有刚有柔有温度。教育有弹性，诸多问题可迎刃而解。

2. 引导的智慧：上课，也要讲健康

新的学期开始了，使用"小蜜蜂"上课的老师越来越多，这引起了我的注意。

"每天对着40多位活蹦乱跳的小宝贝，我的嗓子都喊哑了，有了'小蜜蜂'，上课轻松多了！"带"小蜜蜂"上课的老师说。

是呀！"小蜜蜂"的用途显而易见，提高音量，保护嗓子，让学生能听得更清楚。

"你是用得痛快，我的课堂上，你的声音比我的响，叫我怎么上课？"隔壁班的老师有意见。

"不好意思，影响你上课，你也可以用一个，不就可以解决问题了？"

……

如果每位老师都用一个"小蜜蜂"上课，学校不就成菜市场了；如果禁止老师用"小蜜蜂"上课，老师的嗓子吃不消；如果维持原状，自由选择，的确会影响别的班上课。

用"小蜜蜂"上课是弊大于利，还是利大于弊？

带着这一问题，我走进一年级的教室，与孩子们上了一节用

"小蜜蜂"上的课。整堂课上,"小蜜蜂"显得很强势,无论孩子们怎么吵,怎么闹,都无法"压"过老师的声音。在"小蜜蜂"面前,学生回答问题的声音是那么细小,与老师的声音形成强烈反差,以至于其他学生基本听不清学生的发言,而只能听到老师的声音。

哦!我们只在争论自己上课有多方便,却忽略了学生上课的感受。如果在教室里的每一节课,学生都要面对"小蜜蜂",那么,一年200多天,九年下来,对学生会有什么影响呢?

我有了自己的答案:坚决反对教室里用"小蜜蜂"。

如何让老师们取下"小蜜蜂",还学生原生态的课堂环境?这成为摆在我面前的一大难题。

老师们使用"小蜜蜂"并非恶意,用强制的办法立马见效,但容易树敌,这种"霸道"做法并不是我的行事风格。

用什么办法能够让老师们自觉自愿地收起"小蜜蜂"?我开始思考。

全校教师大会上,学校领导总要以校园里发生的小事件提出问题,让老师们思考。我把这一问题抛了出来,也谈了自己的看法,引起了老师们的关注。

我欣喜地发现,有些老师悄悄地取下了挂在头上的"小蜜蜂",教室里上课的声音又回归了常态。

然而,还是有几名老师继续使用"小蜜蜂"上课,我该怎么办呢?

一次数学教研活动给了我改变老师的绝佳时机。承担公开课的李老师恰是一名坚持用"小蜜蜂"上课的老师。在励耘讲坛,五六十位老师听了一节使用"小蜜蜂"的公开课,领略到了"小蜜蜂"的厉害。

以往在励耘讲坛上公开课,老师们会准备音响设备,以便后面听课的老师能听清楚老师和学生的发言,把几个话筒放在学生课桌上,发言的学生互相传递着使用,但李老师的课没有给学生准备"小蜜蜂",听课的老师只听到老师"啪啪"的声音,听学生的发言却很吃力。

正所谓"旁观者清",使用"小蜜蜂"上课的老师津津乐道,听课的学生与老师却很难受。李老师的这堂课,让老师们真实地感受到"小蜜蜂"意想不到的负面效应。

此后,李老师取下了"小蜜蜂",校园里的"小蜜蜂"悄悄地消失了……

我感到很欣慰,学校又回到了自然的状态。拥有一支不断改变自我的教师团队,学校之幸,学生之幸!老师们放弃"小蜜蜂",不仅是一个教学行为的改变,更是一次观念的改变、思想的改变。这种观念、思想的改变源于学生,在每一次改变时,老师们首先会想到学生,从原来注重知识学习,到关注学生的身心健康和生命状态。心中有学生,时刻将学生的感受和需求放在首位,有效促进了和谐师生关系的建立。

一场"人本课堂"的讨论因"小蜜蜂"事件而展开。王老师提到:如果每位老师都使用"小蜜蜂"上课,学校会变得怎样?如果学生的每一堂课都要听"小蜜蜂"的噪音,又会变得怎样?李老师说:"人本课堂"应该更加聆听学生的声音,是不是也要给每一个学生配一个"小蜜蜂"呢?陈老师从专业的角度分析:

长期处在充满噪音的环境里,容易产生烦躁心理,影响孩子们的视觉和听觉。刘老师说:教室里如果很吵闹,不是因为老师的声音太小,而是这堂课不吸引学生,如果用"小蜜蜂"解决问题,只能使教室里的吵闹声越来越大……

健康课堂的理念首先丰富了"人本课堂"的内涵,课堂上使用PPT有了更加明确的规定,字体、字号,对比度,甚至到拉几扇窗都有细则要求;课堂上为什么要有掌声、如何鼓掌,老师们都在不断深入地研究;课堂上如何培养学生的专注心,激发学生的兴趣,成为老师们研究的课题;课堂上重视"怎么教"的同时,更加注重"怎么学",教学因此从"怎么教"走向"怎么学"……

我想,引导老师们交流、反思形成的共识,虽没有白纸黑字,依然是一个好制度。

引导照亮教育,温暖你我。

3.过程的智慧：教案，也要有弹性

十几年前，我在老家一所学校任教，学校教学管理的最重要的一项工作是检查教案和教案评比，作为年度考核的重要依据。上交教案、教务处检查教案的前几天，是老师们最忙乱的时候，他们日夜不停地赶写教案（应该是抄写教案）。检查教案主要从三个方面入手：数一数教案的篇数（节数）；看一看是详案还是简案；栏目是否完整，书写是否工整。写教案，用去了老师不少时间，爱它真的不容易！

写教案的目的是什么？写教案就是备课吗？不写教案能否上好课？为什么要检查教案？我经常思考这些问题。

教案的目的是上好课，写好教案有利于教师上好课，但不等于真能上好课；上好课一定要备好课，没有备好课一定上不好课，备好课不等于写好教案，备课要备教材、备学生，制作PPT，再加上长期积累形成的教学思想与教学理念。写教案是体现备课的文本形式，如果教案写出来了，有些是借用名师的教案，有些是抄袭别人的教案，没有内化到教师自身，那么也是上不好课的。

因此，按照上面三个指标检查教案，是达不到"上好课"这个目的的。要上好课，关键要备好课。个人备课与团队备课的效果是不一样的：个人备课出现的问题，有时上完课都发现不了；团队备课汇集多个"脑袋"的集体智慧，确保课堂质量的底线，尤其是年轻教师，在团队备课中，汲取有经验的教师乃至优秀教师的养料，对自身成长极为有利。

个人备课相对自由，而集体备课需要大家都有时间，会不会增加教师们的工作负担？这也是要考虑的一个问题。

集体备课也应该建立在个人备课的基础之上，把一个单元里的课时分配到备课组的每个人，每个人将所备的课与同伴分享（PPT制作、片段教学、作业设计等），同伴提出修改意见，形成共享教案。每个人备课的量减少了，就可以做到精心准备，学校安排的教研时间不流于形式，用在集体备课上，对于每位教师来说，工作量相对平衡。如果没有经过集体备课的共享教案，就无法内化到每位教师心里，这样的共享教案就发挥不出真正的作用。因此，做好集体备课是教学部门（教研组特别是备课组）的重要工作。

集体备课是为上好课服务的，备好的课需要落到课堂上，落到学生中，让学生在课堂学习中理解得更快一些，体验得更深一些，能力更强一些，心里更乐一些。集体备课虽然能保证课堂质量的底线，但不同的教师由于教学观念、教材理解、学生了解、教学功底等差异，不同教师的课堂质量还是会有差异的，因此，提高教师的课堂教学能力是教学部门最为重要的工作，而提高教师的课堂教学能力需要教学培训与教学研讨。

综上所述，一节好课与备课有直接的关系，与是否写教案没有必然的关联，一节课没有写教案并不表示没有备课，没有写教案也不表示就上不好课，上好课的条件是教师要心中有数。现在的问题是：既然上好课与写教案没有必然的联系，那学校为什么要求教师写好教案并上交呢？它的意义何在？

教案与课件作为集体备课的两项成果保留下来，为自己与别人积累资源，学校里的每位教师任教下一年级时，备课就不会从零开始，而是站在别人的肩膀上达成目标，省时又省力。新的年级组老师在上一届教师积累的教案基础上备课，修改教案，修改后的教案再保留下来，成为新的教学资源，供下一届老师备课、修改使用……教案质量越来越高，课堂质量也越来越高。因此，把集体备课修改后的教案与课件资源保留下来，也是教学部门为后续教学工作产生"利息"的一项重要工作。

集体备课，值得做；培训与研讨，值得做；资源积累，也值得做！教案在这些过程中自然而然产生，而且质量更高！只有这样，"做在前面、想到后面、不留尾巴"的过程管理思维在教学工作中才能真正体现。

4.陪伴的智慧：课间，也要有运动

学校操场围墙外正对着一座人行天桥，每天早上，学校大课间音乐响起，总有一些附近的居民在桥上驻足观看师生们的大课间体锻活动。吸引他们的不仅是活泼可爱的孩子们，还有在阳光下和孩子们一起跑、一起跳、一起玩、一起开心笑的老师们。

有不少家长感慨：这所学校的老师不一样，他们真和孩子们一起运动！

这样的情形并不是一开始就有的，它源于杨老师的一次病假。

开学半个月，刚入职的杨老师就病了，感冒、发烧，最后发展成肺炎，长时间不能到校上课。杨老师生病触动了每一个人的神经：我们总把学生的健康摆在第一位，其实，教师的健康也同等重要！

吴老师写了个提案给学校工会，建议工会多组织一些教工体育活动，这引起了我的重视。

老师们在日常工作中很忙、很累，为学生付出了许多，也需要适当进行体育锻炼。繁忙的教学工作似乎与身体锻炼是矛盾的，作业改完了，天色也晚了，锻炼时间就泡汤了。长此以往，随着年龄的增长，健康指数自然就下降了。因此，"每天锻炼一小时，幸福生活一辈子"的口号对学生适用，对老师也适用。

锻炼身体的时间哪里来？工会组织教工开展体育活动，势必占用教师工作之外的时间，一个是晚上，一个是周末。利用晚上和周末与家人休闲的宝贵时间统一组织活动，老师们并不一定乐意参加。

在学校工作期间，就只有两个时间段可以用，那就是大课间与体锻课。在大课间与体锻课上，孩子们玩得热火朝天，我们为什么不和他们一起玩、一起跑、一起跳呢？哪怕是在操场上沿跑道走一圈也好。

学校超过半数的老师是新老师，虽然刚开学的时候学校传达过"全员锻炼"的理念，但还是有很多老师锻炼意识不强。大课间，很多老师就站在操场边一动不动。

有些老师把大课间、体锻课视作自己的负担，并时有抱怨："我每天增加一节大课间，一节体锻课，一周就增加了10节课，加上自己任教的学科，一共有二三十节课，连锻炼的时间都没有。"这种观念必须有所改变。

于是，我们向老师们渗透了这样的思想：大课间、体锻课不仅是学生的运动时间，也是老师们的运动时间，"每天锻炼一小时"也是对老师的要求，它不应成为一种负担，而是一种习惯，是学校体育文化的具体体现。

我们向老师们发出了倡议：和学生一起动起来！作为校长的我，也带头跑在学生跑操的队伍中。渐渐地，在大课间、体锻课，老师们都换上了运动装，穿上了运动鞋，和学生们一起在操场上运动。

一段时间以后，新老师们体会到了和学生们一起运动的另一番美好：师生关系变得如此亲近！"和学生们一起"也成为老师们日常教育教学行为的一种习惯。

什么是最好的教育？和孩子们一起跑，一起跳，一起阅读，一起探索，就是最好的教育。

好教师，永远是学生成长路上优质的陪伴者。

课堂教学，这样来转型

1. 重构的智慧：低效课堂，如此相似

跑道上，老师带着学生跑。有些学生不愿跑，落单了；有些学生一开始跑就跟不上，落单了；有些学生跑了一段，跑不动了，又落单了。最后，老师与一小部分学生到达终点。

课堂教学何其相似！课堂上，老师带着学生学。有些学生不愿学，落单了；有些学生一开始学就跟不上，落单了；有些学生学了一段，学不动，又落单了。最后，老师与一小部分学生到达终点。结果一定是：学生离开了老师的带跑（学），就不知道往哪里跑（学），缺乏独立解决问题的勇气和能力。

学校教育科研中心组织人员并聘请第三方对全校各学科进行了一次地毯式的观课、分析、诊断活动，发现并分析了课堂教学的几个核心问题。

1. 讲得太多，练得太少。学游泳，教练在教室里把所有的游泳知识与技能都讲清楚了，学生也不会游泳；学开车，教练用一年时间把开车的要领讲明白了，学员也不会开车。优秀的教练总是在游泳池里让学员先喝几口水再引导他怎么游，记得小时候我是在自家门口小河里"自学成才"的；教练一定是坐在副驾驶陪

练，在学员遇上问题时"出手相助"，学员在解决一个又一个问题的过程中学会开车。因此，讲得多并不等于学得会，能力并不是靠讲出来的，而是靠练出来的。

2. 多关注怎么教，少关注怎么学。教师备课往往考虑更多的是"怎么教"，而较少考虑学生会"怎么学"，学生已经知道了什么，学习新知会遇上什么困难。波利亚说：学习任何知识的最佳途径都是由自己去发现，因为这种发现理解最为深刻，也最容易掌握其中的内在规律、性质和联系。"教会"与"学会"一字之差，结果大不一样。"教会"的学生遇上老师没教的题目时就不会了；"学会"的学生经历了从"不会"到"会"的过程，在这个过程中掌握了方法，遇上老师没指导过的题目也能得心应手。因此，应该多关注学生的学，教师的教是为学服务的，在学生的学中给予指导，提高学生解决问题的能力。

3. 多关注整体，少关注个体。以买房为例，买房大致分为三类：全款、贷款和交不起首付。前两类具备了买房的条件，后一

类一定实现不了买房的目的，要使后一类人也能实现买房的目的，就要帮助他凑齐首付。学生的学习也一样，要达到学会的目的，是要具备学会的条件的，学优生很轻松地能达成目标，中等生也基本具备学习条件，而学困生因为缺乏学会的基本条件而无法完成学习目标，学困生要实现学习目标，就需要老师帮助他凑齐"首付"。老师遇到的最为普遍的问题是一堂课无暇顾及学习困难的学生，主要用课外补课的方式，而课外补课由于学生没有学习基础的支撑，结果投入多而产出少。

爱德加·戴尔的"学习金字塔"研究成果证实了上述课堂低效的三个特点：

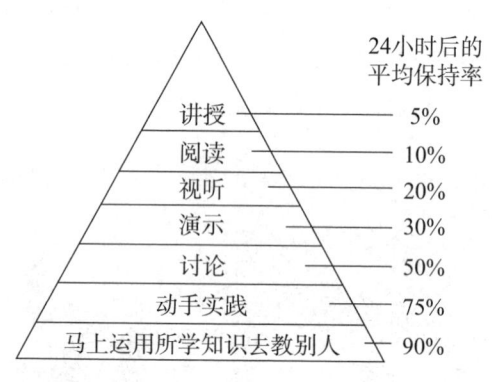

	24小时后的平均保持率
讲授	5%
阅读	10%
视听	20%
演示	30%
讨论	50%
动手实践	75%
马上运用所学知识去教别人	90%

（注：图片来自网络）

学生的学习类型大致分为三类：听觉型、视觉型和动觉型。科学家对这三种学习类型的研究表明：听觉型（用听能学习好）的儿童不到3%，视觉型的儿童不到12%，动觉型的儿童则达到85%以上。

皮亚杰说：传统教学的缺点就在于往往是用口头讲解，而不是从实际操作开始学习的。而我们的课堂恰恰给孩子更多的是听觉和视觉刺激，学生自主学习与消化的时间很少。

因此，我们要重构以学生的学为中心的课堂文化，努力实现四个转变：从被动接受到主动学习的转变；从教知识到培养能力的转变；从多讲少练到精讲多学的转变；从教会到学会，再到会学甚至会教的转变。

重构不是颠覆，不是非此即彼的极端运动。重构是回归理性，回归常识的改良行动。重构后的课堂，突出以教促学的教学追求：回到原点（教育教学的本质规律），抓住重点（目标导向），关注起点（尊重差异）。

2. 方向的智慧：好课标准，这样确定

什么样的课是好课？这是每位老师的疑问，也是学校要回答的问题。作为一所年轻老师居多的年轻学校，更要让老师们清楚好课的样态是什么，以免多走弯路。

那就给好课定个标准吧！

给好课定标准，并不是一件简单的事。与台湾小学数学老师吕玉英的一番交谈给了我很大的启发。

刚参加完杭州"千课万人"课堂教学研讨活动的吕玉英老师回台湾路过厦门，我邀请她到园博苑走走，她跟我讲了这次参加课堂教学研讨活动的一些趣事。

此次研讨活动邀请了国内知名度很高的一位老师，课前被"粉丝"们追星，因此延迟了20分钟上课。那位老师巧妙的设计、互动的幽默让课堂精彩纷呈，确实给人留下了深刻的印象。可吕玉英老师认为学生还没有真正地理解和掌握核心概念，于是跟着学生回到学校，向校长申请再为这个班的学生上同一内容的课，校长欣然同意。

吕老师首先了解学生对刚才名师上课的内容是否真懂，经过

十几分钟的互动,确定大部分学生还真没弄明白其中的意思,于是又花了70多分钟才把学生"拽"回来。

"教学明星"的这节课是好课吗?显然不是。

那么,好课的标准是什么?这是我们必须厘清的问题。

首先,好课必须让学生能学会。这是一堂好课的最低标准。"学会"决定了学习的主体是学生,学习是从"不会"到"会"的过程,是经历独立思考、合作交流、反思纠错的过程。在这个过程中,学生会遇到问题和困难,教师的角色是启发、引导学生观察、思考、发现、反思与纠错,从而找到答案或方法。"学会"还需要在课内当堂测、及时补,当堂测能及时发现学生还存在的问题,及时帮助学生解决问题,做到问题不过夜。

其次，好课应该让学生能会学。学生经历从"不会"到"会"的学习过程，需要独立思考、同伴互助，本身是一个自我"会学"能力培养的过程。在这个学习过程中，教师关注学生倾听、书写、观察与思考等学习习惯的培养，启发学生思考"答案是怎么找到的""运用了什么方法""要注意哪些方面"，进行方法引导、思维进阶、思想渗透，助力学生能力素养的提高。学生学习能力的提高，让教师越教越简单，管理越来越省事，学生越来越聪慧，课堂越来越有活力。

最后，好课还要让学生能乐学。一堂好课把知识的内容变成真实的情境，把静态的传授变成动态的活动，把孤立的学习变为团队的互动，变枯燥为有趣，变单一为多样，课堂问题能激发学生的好奇心和求知欲，学习任务有一定挑战性，学习方式符合学生的认知特点和心理特征，学生在克服困难和解决问题的过程中体验成功的快乐。这样的课堂往往能调动学生的学习积极性，让学生主动参与学习。

"学会"是学生继续往下学的基础，"会学"是学生继续往下学的能力，"乐学"是学生继续往下学的动力，这是学生长远发展的三个特别重要的方面，这三个方面相互影响、互为补充、融为一体。

好课的标准，就这么定！

教研中心研究制定了《厦门市海沧区教师进修学校附属学校课观察量表》，老师们听课评课就有了自己的标准与方向。

评价项目	分值	指标	教/学行为	得分
学会 （30分）	10分	以学定教 先学后教	有前置性学习，有课堂前测和适度评析	
	10分	问题导向 任务具体	有核心问题，并形成问题链，学习任务具体	
	10分	及时总结 学评统一	开展学习反思，当堂检测，及时评价反馈	
会学 （50分）	10分	目标激励 时间充分	有明确的学习目标，学生学习时间充分	
	10分	习惯养成 方法传授	重视学习习惯培养，注重学科思想渗透和学法指导	
	10分	学思合一 培养能力	问题开放，启发思维，鼓励学生运用多种方法解决问题	
	10分	资源生成 拓展延伸	灵活运用学习资源，实现知识、能力的延伸和拓展	
	10分	精编习题 灵活多变	联系实际，生动有趣，有效变式	
乐学 （20分）	10分	情境设置 激发兴趣	吸引注意力，激发好奇心，重视学习态度和精神培养	
	10分	自学互助 体验快乐	学生自学互学、课堂交流展示学习成果，体验学习快乐	
总分		等级说明：优（90—100分），良（75—89分），中（60—74分），差（60分以下）。		等级

有了这样的"方向标"，教师的专业成长不迷茫，学校对理想课堂的追求从此有了锚定物！

3. 追问的智慧：课堂文化，重新建构

怎么构建以学生学习为中心的课堂形态来"对抗"以知识传递和教师为中心的课堂形态？这是新学校面临的机遇与挑战。

新学校的新老师需要一个课堂教学的基本思想范式来确立以学为中心的课堂形态。以学为中心的课堂形态必须有以下几个特点。

第一，内容问题化。将学习内容进行问题化的模块设计，学生在问题探究的过程中促进思维发展和素养提升。

第二，问题情境化。问题的设计首先要在"最近发展区"内，有一定挑战性、有利于培养整体思维；其次要基于真实的生活情境，以任务为驱动，以活动为载体，帮助学生在真实情境下进行独立思考、合作学习、反思改进。

第三，思维可视化。学生在学习过程中，不仅要知道对与错，更重要的是反思"我是怎么做的，用了什么方法""为什么对"和"为什么错""我要注意什么""我需要在哪方面改进"等。课堂上，教师要引导学生反思与总结，让思维可视化。

第四，教学评一体化。教是为了不教，学也是为了不教，教与学的目的是让学生具备独立解决问题的能力，或者说学生离开

教就能接受试题的挑战。当然，它不只是指向学生学习结果的评价，更是一种在学生学习过程中帮助促进学生持续学习、有效学习的评价，是一种学生在具体的情境里努力完成学习任务，使学生的知情意行得到协调发展的成效评价。

基于以上几个特征的定位，学校于 2020 年 12 月聘请第三方专家团队与本校研究团队一起为老师们画了课堂教学的基本范式图，对课堂教学形态进行理性架构。

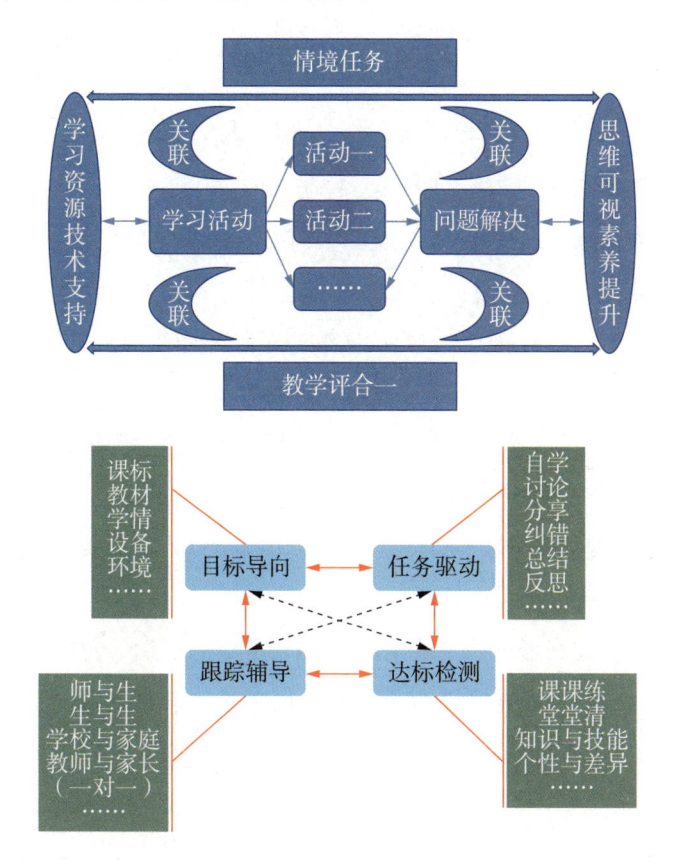

根据课堂教学的基本思想范式，要形成以学为中心的课堂教学形态，主要做好"四备"。

一备：备教材、定目标。理透教材内容，查找学习资料，锁定核心目标，这是上好课的前提。

二备：设计情境问题和布置情境任务。把好课堂教学的核心问题，进行情境化设计，形成问题链，问题在学生的"最近发展区"内，具有一定挑战性。问题以任务驱动方式组织学习探究活动，让学生经历独立思考、大胆尝试、合作交流、同伴互助的过程。

三备：每个学习任务所要达成的分目标。明确每个学习任务的设计意图，引导学生理清思路，反思纠错，方法归纳，思维进阶，渗透思想，为下一个任务的学习积累丰富的经验。

四备：精编习题。练习与作业是提高学习成绩的一个非常重要的环节，练得好的关键是习题编得好，能起到一题多练、一题多得、一题多变、举一反三的作用，练习设计要讲究针对性、层次性、多变性，落到思维点上。每堂课最后一个学习活动是当堂检测与评价，做到当堂清、及时补。

新课改指向核心素养，那么我们不禁要问：培养核心素养的"核心"是什么？

耶鲁校长理查德·莱文说："教育的目的不是学会知识，而是学习一种思维方式。"裴斯泰洛齐也说过："教育的主要任务不是积累知识，而是发展思维。"有人对素质做了通俗易懂的理解："学了很多知识，长大后没有忘记的就是素质。"知识是会忘记的，而且一定会过时，伴随人一生的是他的思维方式。因此我们可以认为核心素养中最重要的是思维方式。

我们继续追问：思维方式的核心又是什么？

德国教育家第斯多惠说："一个坏的教师奉送真理，一个好的教师则教人发现真理。"学生所学的知识是前人的发现与创造，一个好教师不会把前人的发现与创造告诉学生，而是引导学生重走前人的发现与创造之路，教师的作用是缩短发现与创造的路程，或者说让学生少走弯路。这样做的目的是让学生长大后具备发现与创造的能力，改良生活和改善工作，为国家和社会做贡献。因此，我们可以认定思维方式最为重要的是创新思维。

基于这种认知，课堂教学又该如何培养学生的创新思维呢？

日本学者佐藤学指出：倘若问题平易，是不能创造性地展开思维能力的教育的。以低级思维处理高层次的内容是可能的，但以低层次的内容培养高级思维是不可能的。课堂学习问题的设计和学习任务的布置显得尤为重要。

先确定学生的现有水平，即在没有任何外力帮助的情况下，能够独立完成作业的水平，即知道学生"在哪里"。同时，还必

须确定学生即将达到的未来水平，即知道学生"到哪里去"。这个水平远比学生现有水平要高得多，不是学生自己"跳一跳"就能摘到的"果子"，而是自己怎么跳都摘不到的"果子"。在学生现有水平与较高水平之间，便形成了一个区域，即"最近发展区"。这个区域正是教师与学生交往、帮助学生发展的区域。因此，设计的情境问题（问题链）或学习任务应有一定的挑战性和思维含量。

创新思维能力的培养还要发挥教师在学生发现与创造过程中的作用，教师的作用就是帮助学生作为主体去挑战困难、克服困难，从现有水平主动积极地走向未来水平。

基于这样的认知，校本研修、集体备课和观课议课就有章可循，有规可依，有样可学，培养核心素养为导向的以学为中心的课堂文化就得以建立。

不断"追问"，激发智慧，让学校的课堂文化落地生根。

4. 合作的智慧：学习小组，可以激活

七年级在试行学习小组教学模式，5个班的学生座位摆放方式是围坐式的。善于思考的林老师发现：围坐式学习，学生很会讲话；座位摆放回归原位，学生讲话就少了，教室也就安静多了。

学校乐见七年级老师尝试学习小组的教学模式，可老师们喜欢安静的课堂，而不喜欢嘈杂的课堂，让我们期待的围坐式小组学习却成了老师不喜欢的课堂。林老师的话题引起了我的关注和思考。

我给老师们推荐了迈克尔·霍恩、希瑟·斯泰克合著的《混合式学习》，书中的一些话对老师们很有冲击力。通过学习交流，老师们形成了这样的认识：

我们对同伴在学生发展和成长中的作用也是有所认识的，但在具体的教育教学实践中，却思考得不多、研究得不够，缺少实践上的大胆探索，总是放不开手脚，迈不开步子。学习活动中，教师习惯于主导一切，不愿意让学生做"小老师"，进行"兵教兵"，担心学生做不好，影响自己的教学进度与教学效果；不给

学生相互交流与讨论的机会，偶尔有一些同伴的相互评价，也只是教师评价的点缀。这实际上剥夺了学生相互学习的权利，而相互学习、共同发展则是希望的核心。

课堂是每一位学生实现学习权利的场所，学习机会是由学生与学生、学生与教师共同创造出来的，这种"共同性"就决定了我们必须建立起"学习共同体"。教学本身是一种多边关系，建立"学习共同体"，采取合作学习的方式将会使这种多边关系更加紧密。亚里士多德说："对知晓最好的证明就是能够教授。"大量的科学研究发现，当一个人把自己所学会的东西教给别人，其印象是最深刻的。所以，当学生能够"教授"的时候，我们还用担心他们的学习效果吗？对课堂中"教"与"学"的主体关系，我们要重新认识：学生与其说是听课，不如说是小组研讨。老师也不再是在作报告，而是为学生答疑，促进学生讨论。

认识到位了，还需要厘清以下三个问题。

1. 学习小组的本意是什么？

上海一所中学发放了162份问卷：你最喜欢的课的类型是什么？A. 老师讲你听。B. 师生、生生对话式教学。C. 老师引导你主动学习。D. 老师放手让你学习。

问卷结果显示，学生喜欢的课堂是：以师生、生生对话为中心的，让学生主动参与完成学习的课堂，是可以让学生有愉悦与成功体验的课堂。学习小组的围坐式就是提供生生互动的平台，方便学生面对面交流，讲话自然就多了。传统的座位摆放形式下的课堂，学生只是面对老师，适合独自学习，不方便生生互动交流，讲话自然就少了。

2. 学习小组里的学生交流什么？

老师希望学习小组里的每一位学生都能参与到学习中，讨论与解决学习问题，而不希望学生交流与学习内容无关的话题。我估计林老师说的"学生很会讲话"，意思是学生老在讲"题外话"，影响课堂秩序，那我们就要思考如何引导学生讲"题内话"，提高交流的质量。

我想，可以从两方面入手：一是制定学习小组的规则，培养规则意识，如独立思考与独立操作时保持安静；二是任务驱动，讨论与解决的问题在"最近发展区"内，要有一定的挑战性，需要动手操作与实验探究，也就是说，学生要有事做。

3. 如何引导学习小组的深度学习？

当前，课堂中的师生互动主要体现在师生的一问一答中，老师问得多，讲得多，学生动得少，练得少。据一个研究机构对教师1000节公开课的统计，平均每节课教师提的问题是56个，也就是说，每分钟会有1.4个问题，学生学习的主要方式是回答问题，当然是动脑后的回答问题，自然就会有一批学生跟不上问题的脚步，教师也无法在有限的课堂时间里解决他们的问题，后进生就是这样在一节又一节课中产生的。"好不好""对不对""行不行"等碎片化问题和明知故问的浅表性的问题无法让学生的学习深入，只停留在表层，有些学生的学习根本没有发生。

要实现深度学习，就要提高问题的质量，减少问题的数量（一般不超过5个）。学习任务与要求要明确，独立思考与合作探究能在每个孩子身上发生，每个孩子都会受同伴的影响与拉动，当学习小组出现困难时，教师的讲解与引导才能发挥作用。因此,深度学习需要教师管住自己的嘴和手。

几年过去了,全校各班级都纷纷组建学生成长共同体,成长共同体组织的课堂实现了生与生之间的相互影响,变师生之间的单向交流为师生、生生之间的多向交流。厘清三个问题,让课堂教学更为有效。

与其相对应的是家长成长共同体和教师成长共同体,几个学生成长共同体配备一位导师。成长共同体建设与全员导师制的实施成为学校教育质量新的增长点。

教学常规，可以更精到

1. 扬长的智慧：教学岗位，这么定

小学语文老师能担任双班教学吗？之所以会提出这个问题，是因为绝大多数学校安排语文老师教单班。

而初中、高中语文老师基本上都担任双班语文教学，为什么小学语文老师就不能承担双班教学呢？

安排小学语文老师进行单班教学一定有理由！

以前小学语文老师主要来自中等师范学校，中等师范学校培养"万金油"老师，可以担任多门学科的教学，由学校根据各自的需要安排，语文老师往往被安排教一个班的语文，兼思品、自然甚至音体美等学科。也就是说，语文老师兼任其他学科是可以保证一定质量的。

本世纪初，中等师范学校基本停办了，小学语文老师主要来自大学院校语言文学或与之相关专业的毕业生，由于专业是语文，兼任其他学科的质量保证就成了一个问题。

新学校语文老师的岗位安排成为一个需要解决的问题。让语文老师担任两个班的语文教学是一个难题，因为其他学校语文老师都担任一个班的语文教学。

担任两个班的语文教学意味着作业量大,特别是作文批改的工作量翻倍,辅导学困生压力大……

新学校前几年班级数较少,往后逐年增加,有不断调整的空间。每个学年末,老师们都会提交自己下一年度的岗位申请,语文老师有申请担任一个班语文教学的,也有申请双班教学的,教学部门基本尊重老师的意愿安排教学岗位。

教学部门重点关注兼任其他学科语文老师的备课、上课和改作业规范,因为上好不同学科的课不是一件简单的事。

没想到,申请担任双班语文教学的老师逐年增加。

A 老师说:担任一个班的语文老师要兼任其他学科的教学任务,备课量大,忙不过来。

B 老师说:担任一个班的语文教学要参加不同学科的校本教研和集体备课,时间安排不过来。

C 老师说:不能保证多门学科的教学质量,怕"误人子弟"。

的确,任教多门学科老师的工作负担和心理负担很重。

其实,任教单班与双班语文并没有好坏之分,就看老师适合单班还是双班教学,如果专业单一,还是任教双班好;如果你是"多面手",任教多门学科贡献大。最重要的是发挥每位老师的专业与特长,道理就是这么简单!

任何特长都绕不过用进退废的规律,越用其优势越显著,反之,退化越快。作为管理者,应用人所长,扬人之长,让每个人各展所长。

双班语文老师多了,语文老师的总量就可以减少,腾出编制招聘学科专业老师,其他学科教学就可以由本专业的老师来担任。专业的课让专业的人上，学校教育教学质量得到了保证，"每门学科都重要，每门学科都育人"的理念才得以实现。

双班语文教学有助于老师的专业成长，老师精心设计的教学案在第一个班实施与检验，发现问题后及时改进，又在第二个班实践，相当于进行了二次备课，提高了语文教学的质量。本年段的语文老师还可以优化配置资源，根据每位语文老师的特长，由一位老师负责全年级的某一课，如擅长作文课的老师负责全年级的作文课，如果全年级有8个班，一位老师的作文课就"磨"了8次。

双班语文教学最大的工作量在于作文批改，为了解开老师们心中的"结"，我曾经在语文教研活动现场给老师们提了这样一个问题：作文是改出来的吗？

小时候，老师的作文批改主要有三项内容：一是发现错别字画个圈，要求更正；二是发现好词好句画上波浪线，告诉学生这词这句这段写得好；三是写评语，"文章语句通顺、中心突出……"。

在我的儿时记忆里，老师的作文批改除了错别字纠错外，其他真没多大作用。好词好句好段到底好在哪里？不知道。老师的评语也没有帮助我提升写作能力。

作文老师虽然都有批改，但我最害怕的还是作文，写的作文一直很差。长大后当老师了，之所以习惯于写作并发表了一些文章、出了几本专著，一是喜欢记录教育教学中发生的有趣故事，想到什么就写什么，想到哪里就写到哪里，养成写作的习惯；二是阅读了大量的文章与书籍，提升了我的写作能力；三是第一篇文章的正式发表，激发了我无穷的写作与发表的动力。

"作文是改出来的吗"这个问题引起了语文老师的共鸣。可能我们还可以找到更为有效的改进作文教学的途径。

一是改进语文课堂教学，构建"读写融合"的课堂教学范式，学一篇课文就有写作训练，通过课文的阅读指导与促进学生的写，原来要求每学期 8 篇作文，现在每学期能写二三十篇。

二是开设图书馆阅读校本课程，建设了五个图书馆供不同年级学生使用，让图书馆的阅读课与语文课堂的阅读课相辅相成，增加学生的阅读量。

三是改进作文批改方式，引进智能作文批改技术，提供"发表"的平台，激发学生写作的积极性。

开始我们还担心语文学科的教学质量会下降，但实践证明，不仅没有下降，反而上升了。更可喜的是，语文双班教学助力了其他学科的专业发展，其他学科的教学成绩由于专业化而突飞猛进，在各项比赛中频频获奖。

所以说，小学语文，可以双班教学。

2. 整合的智慧：作业管控，这么控

"五项管理"中最难的是作业管理。《关于印发中小学生减负措施的通知》规定：小学一二年级不布置书面家庭作业，三至六年级家庭书面作业不超过60分钟，初中家庭书面作业不超过90分钟。

相同量的作业，不同水平的学生完成的时间不同，同一学生相同时间完成的作业量不同，如何界定作业量？

规定时间完成的作业并不是一门学科，而是多门学科总量，如何给各学科定量，让多门学科的作业完成时间不超过规定时间？

办法总比问题多，再难的问题总有办法破解。

如果小学、初中不布置家庭书面作业，管理就容易多了。不布置家庭书面作业，也许有许多人反对，但从不同的角度思考，有它的合理性。成年人白天工作，晚上回家自由支配时间（加班除外），未成年人白天在学校学习，晚上更应该有"自由"的空间。

为什么白天在学校学习，晚上还要做作业呢？唯一的解释

是：在学校完不成学习任务（作业），需要晚上来弥补。

看了孩子们一天的课表，课表安排严格按上级主管部门规定的课时计划执行，确实没有作业的课时与空间，说白了，就是没有作业课。

设置作业课不是一件简单的事，国家课程计划和地方课程计划对各学科课时有明确的规定，要增加作业课，必然要缩减其他可以缩减的课时。

哪些课时可以缩减呢？听了杨老师的综合实践课，我似乎找到了解决问题的办法。

五年级综合实践教材有个"垃圾分类"的单元主题引起了我的注意，下课后我问道法、劳动与科学老师，他们都说有"垃圾分类"的教材内容，学校每个学期也规划了"垃圾分类"主题教育活动，也就是不同部门和不同学科都在重复做一件事。

其他内容是否也有重复现象呢？把各科教材目录一比对，重复内容还真不少，也就是说，学生浪费了不少时间和课时，这些课时节省出来，不就解决了作业课的问题了。

因此，课程整合势在必行！

各学科的课程内容整合、融合并非易事，需要不同学科老师的通力合作，为此学校合并教研组，成立跨学科的综合教研组。

教研组老师发现：科学、道法、综合实践、劳动、心理等课程教材内容重复率接近 60%。从课程课时安排做加减法，减去内容重复的单学科课程，变单学科课程为多学科融合的综合课程，节省课时而增加作业的课时，让学生在校内把作业完成。

布置家庭书面作业，还源于老师的工作量大，工作量大的根源是班生数大，如果能在课堂上完成学习任务，老师是不愿意布置家庭作业的。因为老师与学生是课业负担的"命运共同体"，学生多做一道作业题，老师就要批改几十道甚至几百道作业题。学生多做一张练习，老师就要批改几十张甚至是几百张练习，老师给学生布置作业，等于给自己增加了负担。因此，科学控制班生数，把学习任务在课内完成，是解决作业问题的根本。

课程整合，腾出作业课时，控制班生数，把学习任务在课内完成，需要教育主管部门从编制、教材等方面改良。那么，学校又能做些什么呢？

一是努力在课堂内完成教学任务。推进课堂转型，构建"学会、会学、乐学"的课堂教学新样态，做到精教多学、少讲多练、讲练结合、课内作业。

二是每天设置自习课，让学生完成老师布置的课外作业，当天提交作业，当天批改作业，让作业不过夜。

三是统筹各学科作业量，采用"作业公示"制度，把作业晒出来。要求布置的作业全批全改，增强老师对学生作业的敬畏之心。加强作业设计、布置、批改、讲评和更正的研究，提高作业的效度。

总之，作业管控需要综合施策，多措并举。

3. 体验的智慧：考试管理，这么管

"戴老师，什么时候考试？"

"还没那么快。"

"唉！"学生露出失望的表情。

"戴老师，什么时候考试？"

"明天。"

"太好了！"学生高兴地跳了起来。

这是我任小学数学老师时经常遇上的一个场景，孩子们喜欢考试，都期待考试的那一天。

多少孩子被考试压"垮"，多少孩子因为考试出"状况"，可我班的孩子喜欢考试。

是什么让孩子们喜欢考试？

首先，老师对考试要有一个基本的认知。

九年一贯制学校的考试只有一次是"厉害"的，即中考，中考与能否上高中、上哪所高中有直接关系。其他的考试都是非选拔性的，只是学习的一个过程而已，如果学生对考试有压力，基本上来自老师与家长的期待，而非考试本身。

让人担心的是，平时考试成绩没有达到家长或老师的要求，成为学生受到打压、重挫，抬不起头来，甚至变成家长和老师责罚的有力证据，这样的测试还是越少越好。

考试的目的是让学生对下一次的考试充满期待，而不是害怕考试。

其次，要有先进的考试评价机制。

一个考50分的孩子，你会给他什么评价？一般给的是"不及格"。

可能我给这个学生的评价是"优"，因为他上次的成绩是30分，这次涨了20分，这20分的背后是学生的努力，或许可以这么说，这一阶段学生学习的表现是"优"，成绩也应该是"优"。

这样，考试就有两个成绩，一个是卷面分数，另一个是阶段的学习成绩，阶段成绩才是真正的学习成绩。本阶段在原有学习水平基础上有提升的都应该评为"优"，都应该让学生知道自己经过努力取得的成果。

最后，让学习评价可以被看见。

我会告诉一个卷面成绩是50分的学生评"优"的理由：跟上次考试成绩比较，发生的变化是很了不起的。我会告诉一个因生病影响考试成绩的学生得"优"的理由：大部分时间与病毒做斗争，你完全可以不参加考试，你竟然参加了，没想到还能考出这个成绩，让老师很意外。

我还会告诉一个考试成绩不理想的学生：这次考试让你暴露出问题，是你最大的收获。因为问题暴露得越多，下次考试出现的错误就越少，前提是暴露出来的问题能得到解决。

我所期待的考试有三重境界。

第一重境界：通过测试，学生知道"我是谁"和"我是怎么取得这一成绩的"，这需要教师引导学生反思。

第二重境界：通过测试，学生知道"我该怎么做"和"我为什么要这么做"，这需要智慧教师的点醒。

第三重境界：通过测试，学生看到了希望的曙光，体会到了成功的快乐。

考试是学生学习过程中必不可少的一个重要环节，我们应让学生在考试中学会考试，也就是说，要让考试变成一种美好的体验，促进每一位学生的学习，让他们因美好的体验喜欢上考试。

4. 包容的智慧：小组座位，这么摆

陈老师尝试运用学习小组方式开展教学活动，准确地说，不叫"尝试"，她在原服务学校就一直运用学习小组方式教学，有效地提高了学生的学业成绩，尝到了"甜头"。所以到我们学校后，继续实施此种方式的教学。

陈老师把全班50人分成8个小组，每组约6人，座位变了，学习方式也变了，以往学生只和老师单向互动，现在学生之间也需互动，大家不太习惯，刚开始显得忙乱，阶段练习成绩也不理想。有些老师也尝试学习小组方式，感觉没以前的教学顺畅，对学习小组方式产生了怀疑，但陈老师还是坚持这一方式开展教学活动，因为她有信心。

学习小组式的教学方式与原来单一的师生互动式教学相比，是优，还是劣？这是首先必须弄明白的问题。如果这一问题没有弄明白，你的立场就无法坚定，就没有教学的自信。

从理论上讲，学习小组式的教学方式优于原有的传统教学，因为多向交流一定是比单向交流好，它有利于调动小组里每一个学生的主动性和能动性，有利于不同的问题能及时得到反馈与指

导，有利于团队精神的培养与形成。

有人说，一个班的学生多，小组学习不好组织。我认为，正因为一位老师面对的学生多，更需要分为若干学习小组，把任务分解，为老师分忧。但如果老师对学习小组教学认识不到位，理解不深透，操作不得当，学习小组式的教学方式只能是一句口号和一个摆设，学习小组做做样子，反倒浪费课堂学习时间，降低学习效率，影响学习成绩。

既然学习小组方式有其理论支撑，学校没有理由不支持与鼓励老师们大胆尝试，并提供帮助。学生与老师不太习惯，课堂比以前更"乱"（看上去一定没以前整齐），甚至学生成绩下降，我们都应有包容的心胸，因为这是改变过程中一定会遇到的问题。以包容之心接纳一切有益师生成长的勇敢尝试，可以说，也是校长必不可少的修行。

我们需要讨论的问题，不是成立学习小组还是取消学习小组，而是如何组织与实施学习小组活动，以及如何培养学习小组的团队意识与合作能力，相信这些问题的解决会给大家带来惊喜。

陈老师说，不要担心这次阶段性练习成绩下降，因为学习小组的高效运作需要至少两个月的指导、磨合，形成新的学习习惯，一旦学习小组磨合好了，一定能迎来学习效率的提高与学习成绩的改变。我很欣慰。退一步讲，即使没有取得好效果，这样的尝试也很有价值。

大家可能有一个误解，就是认为围在一起坐，就是学习小组，其实围在一起坐只是座位形式而已，学习小组的本质是小组里生生互动、互相帮助，共同提高。同桌的两人也可以是学习小组，互相检查，互相批改，相互指导。4个人一个小组也可以是学习小组，需要小组讨论时，小组里前面两位同学转过身来，与后面两位同学一起讨论问题。

我猜想：陈老师把6个学生编成一个小组，自有她的道理。小组成员太少，组数就多，老师对小组评价不好操作；小组成员太多，合作学习不容易做实；6个学生为一组比较合适。如果是6个学生为一组，的确要把座位变一变，便于小组学习；如果是两人一组或4人一组，座位变化就没有像6人一组作用大，不需要变换座位了。

学习小组的成立，绝不仅仅是课堂教学的改变，而应贯穿学生成长的全过程。班级工作分解到学习小组中，如午餐、午休评比，社会实践活动的组织、以学习小组为单位的班级各种竞赛、年度优秀学生的评比等。

学习小组的施行，也绝不能满足于学生学习成绩的提高，更重要的是团队精神的培养与形成，以及"教育即影响"办学思想与理念在学生学习生活中的体现。

难能可贵的是，来自不同背景的老师相聚在一起建设一所新的学校，能够把学习小组变革中的问题摆出来，讨论起来（甚至是争论），而不互相指责、抱怨，这就是最好的教研，如果有数据说明问题，那就是真正的科研。

陈老师的课堂与学生又会发生哪些变化呢？我们拭目以待！

下 编

导向的力量：
把家校协同做简单

家长作用，不容小视

1. 协同的智慧：家教"6.0"，行动"六个一"

学校 2017 年开办，办好学校面临的一个最为突出的问题——生源。所谓"生源"，我的理解是招生片区家长的育人水平和对教育的支持度，与家长的文化程度和工作性质相关。建校之初，生源主要来自外来务工人员群体。外来务工人员工作忙，作息跟孩子不太同步，陪伴孩子时间少，他们的文化程度普遍不高，对教育的投入少，居住条件很一般，不能为孩子提供良好的学习环境，但他们对孩子的期望值很高。

于是，我考虑把提高家庭教育的协同度作为学校工作的重点，针对这类家长群体的特点，提出了家庭教育提升工程"6.0"。

1.0：关注孩子，从早餐开始。孩子在家吃早餐，校园周边路边摊基本不见了，大课间学生晕倒的现象变少了，上课的效率提高了，教育教学取得了可喜的成绩。

2.0：早起一问好，回家一拥抱。"两个动作"改变了家庭乃至社区的成长环境，一个温暖、和谐、有爱的家庭一定能够培养出文明有爱的孩子。

3.0：少送 100 米，言传又身教。校门口的这条路成了宽敞、安全、舒心、漂亮的一条路，更重要的是学生的自信心、责任感、独立能力在无形中得到了培养和加强。

4.0：请教 10 分钟，助学更轻松。变家长教孩子为孩子教家长，拉近了亲子关系，提高了孩子的学习能力。

5.0：分派家务活，自立在其中。每天让孩子完成力所能及的家务劳动，养成劳动习惯，从小培养吃苦耐劳的品行，弥补了教育的短板。

6.0：共读一本书，幸福全家人。给孩子准备一个书架，购买适合孩子、孩子喜欢阅读的书。家长放下手机，关闭电视，与孩子共读一本书，书香家庭越来越多。

家庭教育提升工程"6.0"得到了家长的广泛认同，影响力越来越大，有效提升了家庭教育的品质，片区生源质量有了根本性的改变。

俗话说"父母是孩子的第一任老师"，为了提高父母这两位"老师"的配合度，在家委会的倡议下，我们又进一步开展了家长行动"六个一"活动，引导家长参与到学校工作中来。

一是参加一次志愿活动。每天上下学的安全秩序由家长志愿者"承包"，每年春秋两季的校运会有家长志愿者的身影，学生外出研学有家长志愿者跟随，学校食堂有家长志愿者参与监督管理……

二是完成一次家教培训。学校党员教师利用周末进社区、讲家教，社区家长自愿参加；每个学期一场线上直播论坛，家长自愿到现场或线上参加；每周推送一个学校精心制作的"阳光家微课堂",方便家长观看。

三是参与一次亲子活动。我们组织学生"成长共同体"的种子家长与孩子们到学校图书馆、社区或家庭共读一本书,家长自愿参加孩子们的外出研学活动,为参加孩子们的足球、乒乓球等比赛保驾护航。

四是参加一次班队(年段)活动。班级每周有一节班队主题课,年段定期开展各种主题教育活动,利用家长的教育资源,发挥家长的职业特长,走进课堂,参与活动,提高了班队和年段活动的育人效果。

五是承担一次进校授课任务。家长资源非常丰富,学校、年段、班级邀请有专业特长的家长到校授课,弥补了学校师资的不足,助力学校校本课程更加全面、丰富的开发。

六是参与一次学生管理。学生午休、课后延时、社团练习、外出活动等管理请家长"加盟",协同管理,参与管理的同时,

家长了解了学校,理解了教育,进一步拉近了与孩子的距离。

以协同为核心,同心同向,合力致远,犹如十指弹琴,统筹平衡,奏响家校协同美妙的乐曲:家长行动"六个一"活动,让家长参与到学校方方面面的工作中来,学校师资队伍更强大,教育资源更丰富,亲子关系更和谐,家校关系更紧密,家校协同更有力量。

2. 借力的智慧：一张"名片"，一群家长

学校有四个足球队，分别由四位足球老师指导，章老师是其中的一位，他是学校自聘的足球老师，他带领的足球队参加各级各类比赛，成绩是最好的，悄然成为学校的一张"名片"。

章老师带领的足球队频频获奖并非偶然，背后一定有"秘诀"。

我留意观察了一段时间，还真发现了几个不一样的地方：一是章老师的足球队小队员的训练积极性高，二是家长帮了不少忙，三是比其他足球队多了个守门员教练。

学生积极性高与家长帮了不少忙有直接关联，家长的立场对学生是否参加足球训练有很大的影响。

守门员教练的费用哪里来？我很好奇。章老师说：是家长们凑钱给教练发工资。

家长们凑钱给足球队增加一个守门员，是我从教以来头一次遇见，这足以证明家长对学校足球队的支持力度有多大。

有些训练队的老师总是抱怨，家长不支持孩子训练，担心影响孩子的学习成绩。章老师带的足球队的学生家长为什么不担心

孩子的学习成绩呢？

章老师运用《教育与脑神经科学》中的观点跟家长宣传：运动能增加通过脑部及全身的血液流量，还能触发脑中释放一种对神经系统最有益的化学物质，叫作"脑源性神经营养素"。有了这种蛋白质，幼小神经元才得以保持健康，新生神经元才得以顺利成长，脑部的海马区对此反应最敏锐。研究表明，在学校多开展身体活动可以提高学生的学业成绩。

运动能产生多巴胺，多巴胺能让孩子心情愉快、思维活跃；运动能产生更多的血清素，血清素能增强孩子的记忆力；运动能产生正肾上腺素，正肾上腺素可提高孩子的注意力。思维活跃、记忆力与注意力好都是提高学习效率与学习成绩的关键因素。

普及运动知识，打消家长的顾虑，变阻力为动力，是足球队成功的第一"秘诀"。

成立足球项目家委会，请热心家长担任项目委员会主任，组织家长与足球队员的亲子足球赛，邀请家长观摩孩子的各种比赛，在家长群里通报孩子们的成长与训练成果。家长们慢慢地喜欢上了足球，成为"足球迷"和孩子的"球粉"。

家长项目委员会自发筹集资金，给孩子们定制专业的球服和球鞋等装备，还为足球队聘请了专业守门员教练，孩子们参加足球比赛，家长会在场外摇旗呐喊、递水送饮料。

激发家长们的参与热情，解决球队的困难和问题，是足球队成功的第二"秘诀"。

足球队主动邀请厦门最强球队交流切磋，以赛代练，寻找差距，积累经验，在不断"对抗"中迅速成长。邀请了10支足球队PK，就经历了10次锻炼，另9支球队只经历了1次，结果就不一样。

在走出去、请进来的"对抗赛"中，许多家长全程陪同，助力后勤保障工作。

主动邀请不同球队参与友谊赛，让家长参与、见证，让球队迅速成长，是足球队成功的第三"秘诀"。

"进修附校"有很多张"名片"。健美操教练彭芃老师组建了8支健美操队，参加全国、省、市区比赛获奖无数，被评为"最有影响力的导师"，她坦言，没有家长的鼎力相助，成绩不会这么亮眼。人工智能机器人社团知名度很高，参加世界机器人大赛获得了金奖，背后也有一支强大的家长"后援团"。学校管弦乐A、B、C三个团一共有300多个孩子，每个孩子都有自己的乐器，每次演出要搬动比较重的乐器，也都是家长出钱出力……

有人说，家长不是埋怨的对象，而是等待开掘的金矿。孩子的教育怎能没有第一任老师——家长呢！孙子曾说："借力者明，借智者宏，借势者成。"学校的发展太需要"借"的智慧了！

3. 借智的智慧：一个信箱，多个"锦囊"

"建议一、二年级多做一些地震、火灾等应急演练和防恐防暴安全演练，安全意识从娃娃抓起。"

"新校区篮球场周末能不能对外开放，让孩子们有一个运动的地方？"

"初中部女卫生间蹲位太少，孩子们下课挤在一起，要引起重视。"

……

这些不是老师的提案，而是来自"校长信箱"的建议。

学校办公室收到来自家长的信件后，第一时间研究对策，提出改进意见并落实到位。

一、二年级在新校区，新校区操场离教学楼较远，请消防大队的专业人员进校指导，设计一套科学合理的疏散路线，定期开展消防演练，提高孩子们的安全意识与危险应对能力。

主校区是厦门市体育场所和体育器材对外开放的试点校，附近居民可以线上申请并刷脸进入学校，而新校区没有对外开放人员进出身份认证的设施设备。既然家长与孩子的愿望如此强烈，况且周末两天运动场也闲置着，而提高运动设施的利用率也是学校所希望的，于是我们顺应家长的要求，只要穿校服和报姓名确认身份就可以进校园，孩子在周末就有场地活动了。

解决"初中部女卫生间蹲位少"的问题比较棘手，当初建设单位的设计就有很大问题，没有充分考虑教学楼每一层的学生数与卫生间的数量是否匹配，女卫生间的蹲位数量明显不足，这一问题短期内无法解决，但还是有办法可以缓解压力。我们把4号楼（综合楼）的卫生间充分利用起来，引导学生去使用4号楼同层卫生间，这样就大大缓解了女生如厕的压力。

两个校区在三个大门边各设置了一个"校长信箱"，会收到来自家长的建议、意见甚至投诉。"校长信箱"已经成为家校联络的"中转站"，拉近了家长与学校、家长与老师的距离；家长群体已经成为学校办学的"第三只眼"，成为学校校长的"智囊团"，为学校高质量发展建言献策或提出批评意见。

九年级家长对食堂的意见通过"校长信箱"传递到我这里，引起了我的重视。食堂就餐人数多，因此采取了错峰就餐的办法解决拥挤问题，九年级学生被安排最后就餐，就会发生某种菜打完而来不及供应的情况，学生就餐需求得不到满足。是呀！九年级学生面临中考压力，每天最后进食堂就餐，排在后面的学生因菜样不足吃不好饭的概率很大，这个问题一定要解决。

一个食堂要解决1500多位学生的就餐问题，满足每位学生的需求着实不易，但让最后进餐的那部分学生每天"吃亏"更不公平，食堂是收了餐费的，无论如何也不能让"顾客"吃亏。

于是我给食堂经理定了一个目标：最后那部分学生与其他学

生享受同样待遇甚至更好的待遇。食堂经理与工作人员尝试了多种办法，却始终没有解决这个问题，我很生气。

怎么办？还是让家长来帮忙。

学校邀请了几个家长和后勤部门、食堂经理全程观察、分析就餐存在的问题，寻找解决问题的方法。家长们对食堂工作人员给予了足够的理解，并提出了多种建议，其中两个最为简单的建议被采纳了：一是当食堂来不及供菜时，要有备菜供学生选择；二是不能掐量供菜，宁愿浪费，也要让学生吃好饭。

往往越简单的处理方式越有效，最后就餐的九年级学生和家长没有了后顾之忧，对食堂的满意度越来越高了。

我想，一个校长的能量太有限了，需要调动和汇聚多方面的能量，如果能借助家长的智慧和能量，问题就会发现得越早，困难就会破解得越快，办学效率就会越高。

4. 治本的智慧：一个微课，力量强大

家长们好！当孩子跟您说考前紧张，这三种回应方式，会踩坑！

当孩子说：妈！我考前有点紧张。你们会怎么回应孩子？我们有很多家长，明明爱孩子，明明想帮孩子，但如果你以下面三种方式回应，不仅帮不了孩子，反而会害了孩子。

第一类回应方式：不要紧张。当你这样跟孩子讲的时候，你非但没有帮助孩子，反而让孩子更加紧张了。

第二类回应方式：有什么好紧张的，好好考，我相信你。你的潜台词是：孩子你一定能考好，必须考好，这句话就像一座大山一样压得孩子喘不过气，孩子会更紧张、焦虑。

第三类回应方式：现在知道紧张了，早干吗去了？他不但会更紧张，而且以后再也不会找你帮助了，这样回应的后果更严重。

这三种回应你踩坑了吗？怎么回应才能不踩坑呢？

这是学校魏老师录制的小视频，为家长应对孩子考前焦虑支招。

魏老师是学校为数不多的心理老师，为老师和学生解决了许多心理问题。

魏老师的工作主要是给学生上心理课，提供心理咨询，家长、老师遇上心理出现问题的孩子，都会请魏老师帮忙解决问题。

魏老师主要在七八年级上课，同样的内容在不同班的课堂重复，有时一种内容上十几堂课，耗时又费劲；学生的心理出现问题了，到魏老师的心理咨询室"疹疗"，总是在做补救工作。我想：心理问题应该在"源头"处理，或在有"苗头"阶段解决，魏老师的工作重心要转移，这就有了"阳光家长微课堂"的开讲。

学校里还有一个"能人"——林副书记，他是海沧区家庭教育工作室领衔人，家庭教育专家，只要林副书记"出马"，家庭矛盾、师生关系、学生冲突等"疑难杂症"就能迎刃而解。我请他牵头负责"阳光家长微课堂"这项工作。

《2023年度中国精神心理健康》蓝皮书显示，中国患有抑郁症的人数超9500万人。其中18岁以下的青少年患者约占30.28%，即超过2800万人，表明抑郁症患者群体在年龄分布上呈现出年轻化的趋势。一般情况下，一个国家抑郁症患者以老年人为主，而我国青少年患者人数占了近1/3，呈上升趋势，就值得我们高度重视。

不能等病情严重了再来治病，还是要从"源头"上治理，"源头"有两个：一是家长，二是老师。让每一位家长和老师都拥有基本的心理常识和心理健康教育技术，这才是治本之道。

几年来，我们组织党员教师在学校、社区开设家教论坛100多场，取得了很好的效果，但家长要挤出时间来参加，还是不太方便。从2022年开始，我们用线上直播的方式组织家长论坛，家长们通过手机App即可参与论坛，但参与一场家长论坛需要半天的时间，对于部分工作忙的家长也不太方便。从2024年开始，我们通过每周一期微视频的方式传送，每个视频3~5分钟，帮助家长解决在家庭教育中遇见的"头疼"问题，了解学校教育的新动态，家长们用碎片化的时间就可以观看，现代技术助力家庭教育，省时又省力。

"阳光家长微课堂"干货满满，影响力越来越大。我们期待伴随着家庭教育水平的提升，助推学校发展的力量一定会更加强劲。

家长"换脑",真有必要

1. 管教的智慧：学校办好，家长重要

教育局德育科郑老师打来电话，反映上学放学时有学生横穿马路，学生处高主任当天中午在那儿蹲守，统计下来有9名学生横穿马路。

我想，这9名学生应该不会第一次横穿马路，如果经常横穿马路，发生交通事故的概率很大。

我又想，学生横穿马路的坏习惯是怎么养成的？

哦！高老师发现，学生竟然都是在家长的唆使下横穿马路的，没有一个是自己穿过去的。原来，坏习惯不是学生自己养成的。

我再想，难道家长不清楚唆使孩子横穿马路的后果吗？

高老师说，家长对老师的劝导甚是不解："你们老师管学校里的事，学校外的，你们也管？"

是呀！学校里的老师管，学校外的谁管呢？

学校外的，老师确实无能为力！

也许，学校里的，老师也力不从心！

由此我想到一些事情。

在外工作20多年,为孝敬老人,除了两次搬新家未回老家过年,其余都在老家过年。随着夫人的几个妹妹陆续结婚生子,老家可热闹了,但也给我这个爱清静的人增添了许多烦恼。

幼儿园快毕业的孩子一日三餐大人哄着吃,半天进不了一口饭,这矫情劲让我很生气,不知道在幼儿园里是否也这样,但我想肯定不会,因为没有人哄,也就乖乖地吃完,这种矫情是成年人哄出来的。饿了自然想吃,这是人的本能,要哄着吃,可能不饿,如果不饿,为何要吃,不用哄了,等饿了就想吃了;另一可能是饿,本来也想吃,但习惯要大人哄,哄的人心急,生怕被哄的人饿肚子。哄着吃饭的习惯就养成了,孩子已经不习惯没人哄着吃饭。

有一年春节回家,一路劳累,回到家本想睡个好觉,但几个小屁孩乱喊乱叫,上下楼梯震天动地,我根本没法睡,他们对我这个大姨丈没有一丝敬畏之心。

郁闷之余,我在想,也许不是故意的吧!应该不是故意的。

夫人专为这事开了一个家庭会议,重申学校规定:上下楼梯要慢步轻声。过后的几天时间里,孩子们严格遵守家规(校规),家里安静了许多。

我又想,孩子的父母亲是否也告知孩子"上下楼梯慢步轻声"?

应该告知过,因为他们也遭受过这种骚扰,也曾睡不着觉,为什么无法让孩子"上下楼梯慢步轻声"呢?凭我多年的观察,现在的父母越来越没有"原则",祖传的"家训"越来越缺失,他们放松管教孩子的理由是"孩子还小,不懂事",对孩子的教育只是口头上说说而已，也没当回事。

记得小时候家里来了客人，父母亲忙着杀鸡杀鸭招待，还未开宴，我就抢着抓起一只鸡腿往嘴里塞，母亲看见了，用筷子狠狠地抽我的手，厉声喝道："客人还没吃，你怎先吃？"这就是客家人待客的"家训"，我至今牢牢刻在心里。

"孩子还小，不懂事""树大自然直"成为家长们放弃原则的理由。那么，孩子们长大后就懂事了吗？事实已经摆在我们面前。

游客在餐厅乱喊乱叫，如入无人之境；乘客大闹机场，尽显飞扬跋扈之气势；游客爬上雕塑拍照，毫无敬仰之心……这些现象使我们这个礼仪之邦脸面全无。

这些成年人懂事吗？不懂事。

哦！孩子们本可以懂事，之所以不懂事，全因成年人的不懂事。

哦！怪不得学校天天讲，月月讲，年年讲习惯，学生就是养不成好习惯。我们的每个学校都有高高的围墙，围墙内与围墙外可以不同，家长的一句"你们也管学校外的？"印证了家校教育的不同。

这种不同非常危险，它让孩子无所适从，学校里听老师的，学校外听家长的。慢慢地，孩子就变成了两面人，"说一套做一套"也就成了习惯。

你要说家长不重视教育，没有人认同此观点。在中国历史上，可以说当今家长是最重视教育的。在我的老家，90%以上的家长把孩子送到城里学校就读，在城里租房子陪读；许多家长千方百计买学区房、转户口、托关系把孩子送进重点学校。可以说，家长对教育的投入拼尽全力。

家长不是不重视教育，而是不知道如何教育，根本没有意识到管教的重要性，至于勇于管教、善于管教等教育之道就更无从谈起了。也许家庭教育与学校教育不在同一条道上，孩子无所适从，很容易走一条道，一条危险之道。

这样，学校又承担起了另一份本不应该承担的责任，既要教育孩子，又要"教育"家长，因为家长没有"教育"好，教育势必因来自家长的阻力而异常艰难。

因此，学校要办好，家长很重要！

2. 调研的智慧：一场风波，思想解放

听说学校食堂服务部开张了，这下又得准备面对家长的"告状"。因为在原来服务的学校曾经发生过这类事件。

"学校怎么能开小卖部呢？这不害孩子吗？我孩子天天跟我要钱，谁知道小卖部卖的是什么乱七八糟的东西！"一位家长把问题反映到督学黄老师处。据黄老师说，家长情绪很激动。

作为校领导，必须处理家长提出的问题，还家长一个公道。

首先，必须弄清楚：学校能否开小卖部？如果法律规定不能开，勒令学校关闭，问题全解决了，"告状"的家长肯定很满意。我查阅了许多资料，有《教育法》《未成年人保护法》以及相关部委的有关规定等，都说的是"原则上"学校不能开小卖部，如果有营业执照、卫生许可证等合法手续，学校应该是可以开设小卖部的。

其次，需要弄清楚：学校为什么开设小卖部？

答案是：为学生提供服务。服务，当然有好的服务，也有不好的服务，甚至可能有害人的服务，但那显然不是我们的初衷。

我做的第三件事就是到小卖部收集第一手证据：小卖部有没

有营业执照？有没有不合格产品？虽然我不是质监部门的，但职责使然，要一探究竟，检查的结论是：手续齐全，产品合格。

"这不害了孩子吗？"家长的结论是否成立？

必须弄清楚这孩子是否被学校小卖部"害"了。我找老师了解那个孩子的情况，孩子的情况确实有点"糟糕"：近期阶段性练习，班上有两个不及格的学生，这孩子是其中一个；家长缺少陪伴，孩子学习习惯与生活习惯令老师头疼。找孩子了解情况，第一印象与老师提供的信息相近，孩子喜欢买东西吃的理由也很简单：肚子饿。

调研真是好东西，可破解难题，也可提升教育的品质。了解越深入，结论就越明朗。

1. 学校作息时间做了一些微调，把上下午最后一节课缩短10分钟，一是考虑学生上最后一节课身心相对比较疲劳，故把长课变为短课；二是动员家长每天准备一点水果和一瓶牛奶，这缩短的10分钟让学生吃课间餐。学校从孩子的健康出发，让他们吃课间餐，虽是一个小小的举动，但在大多数学校严禁学生带零食的大背景下，确实是很不简单的！令人遗憾的是，"告状"家长不重视每天一种水果、一瓶牛奶对孩子一生的影响，孩子饿了，口袋里有钱，学校小卖部正好解决了孩子饿的问题。

2. 孩子饿了，学校里解决不了问题，自然到学校外解决问题，相比之下，学校里比学校外安全。吃了学校里的东西出了问题，学校是要承担责任的，大多数学校不愿多此一举、惹火烧身，这个道理众人皆知。学校为了不出问题，自然严格监管，确保安全，从这一点看，学校能够保住食品安全的底线。

3.去过国外考察的老师都知道,发达国家的学校都设有学校服务中心,提供免费的午餐,甚至是自助式的零食,学生各取所需。家长如果不想让孩子买学校提供的食品,办法很简单:限制孩子的零花钱,每天为孩子准备或让孩子自己准备课间餐,这一加一减的方法不就满足了孩子的需求?

处理家长"告状"的最简单的办法是勒令学校关闭小卖部,给家长出一口气,但对孩子有利吗?没有!它可能限制了学校依法办学的自主权,阻断了孩子在"阳光"下解决饿肚子问题的渠道,引导孩子在无人监管的环境中渐行渐远。

一所学校成为名校有三个重要因素:一是生源,二是教师,三是政策和学校的办学思想。一些名校抢夺生源的战争持续不断,但对于就近入学、划片招生的学校来说,生源是无法选择的,改变生源就是改变家长,家长思想观念的改变,造福的是我们的下一代。

有人说,中国教育最大的问题是家长教育问题,这不无道理!

无论如何,我需要做的最后一件事情就是找家长好好聊聊。因为多做些这样的事,可能改变一个家长,帮助一个孩子,成就一所好学校。

我想,如果我们真正地为孩子准备了课间餐,学校的小卖部就可以关门了。

无比期待小卖部关门的那一天!

3. 学习的智慧：持"证"上岗，提高质量

送给一年级和七年级新生家长的400分钟的家教课程终于上线了，家长们可登录家教平台上线学习400分钟的课程，40分钟一个专题，上下集各20分钟，共十个专题。这是新学期送给家长的一个"大礼包"。

每学年开学前我们都要召开一年级与七年级新生家长会，学校根据家长课程线上学习的进程和完成情况给完成课程学习的家长颁发《家长学习证书》。会上，校长需要上第一课，向家长介绍学校的办学思想、课程设置、课堂转型、办学业绩等，让家长了解：学校想做什么，怎么做的，家长可以做什么，怎么做，让家长对学校充满信心。每位家长都会领到一本我们编制的《家教指南》。每年的六一儿童节表彰"阳光学生"的同时，学校也表彰"阳光家长"。"阳光家长"的评选标准与《家教指南》中相关内容完全对应。表彰会上，由孩子们郑重地给获评"阳光家长"的父母颁发荣誉证书，并送上一个大大的拥抱。

我无法估算家长们学习的效果怎样，但400分钟的家教课程对家长一定有影响。如果家长们与老师们能在同一"频道"协同

教育孩子，那是多么让人欣慰的一件事情。家长持续学习，与孩子共同成长，是亲子关系和谐的根本保障。

近几年学校越来越重视家庭教育的引导，启动了家庭教育"6.0"提升工程系列活动，"关注孩子，从早餐开始""早起一问好，回家一拥抱""少送100米，言传又身教""请教10分钟，助学更轻松""分派家务活，自立在其中""共读一本书，幸福全家人"等接地气的家庭教育主题活动深入人心，取得了非常明显的效果。

为了扎实推进家庭教育提升工程系列活动，学校每个月精心组织一次家教论坛，每月组织一次党员干部进社区、到书院与家长面对面开展专题家教活动，这成为学校党建工作的一个亮点，学校党组织被评为"厦门市先进党组织"，更让人高兴的是，培养了一批高素质的家教专家。

为方便家长的培训学习，提高学习的效率，在社区领导的大力支持下，我们邀请了20位全国家庭教育专家专门录制了20节课的视频资料，它成了一年级和七年级新生家长的必修课，家长登录家教平台即可线上学习。

为了更好地帮助家长解决家教过程中的"疑难杂症"和尽快知晓学校的教育动态，学校家庭教育工作室成员每周制作一个3~5分钟的微视频，开播"阳光家长微课堂"，家校互动更加频繁，家校的联系也更加紧密。

我想，老师要持教师证，才有资格当老师；家长也需通过学习，具备一定的教育常识，掌握一定的教育技巧，才有资格当家长，否则会成为教育的阻力。

4. 传播的智慧：宣传课堂，深入心坎

学校建校之初，外来务工人员子女占 90%，让家长理解学校办学理念，携手实现办学愿景，不是一件容易的事，但又是非常重要的一件事。

当时只有小学一年级和初中一年级（七年级），家长会可以在学校大讲堂面对面进行。我是这样传播学校文化的。

孩子长大了，要找儿媳或女婿，你心目中的儿媳或女婿的标准是什么？每位家长扫二维码写三个。

后台归类统计，主要聚焦三个标准：身体要好、能力要强、品位要高。

我们是不是要培养身体好、能力强、品位高的学生呢？如果孩子的身体不好，能力不强，品位不高，找女朋友或男朋友只能降低标准或者没人看得上。如果我们的孩子达到了这三个标准，一定很"抢手"。

1. 身体好，靠什么？

一是"食"。研究表明，三餐中对学生学习成绩影响最大的竟然是早餐，家长们不能给孩子几块钱，让孩子吃路边摊解决早

餐问题。因此我们提出：关注孩子，从早餐开始。

二是"动"。生命在于运动，研究表明，多运动会产生三个能提高学习效率与学习成绩的东西：一是多巴胺，让人心情愉快、思维活跃；二是血清素，能增强人的记忆力；三是正肾上腺素，能提高人的注意力。因此，孩子要多运动。

三是"静"。就是休息，最为重要的是睡眠，睡眠能消除疲劳，恢复体力，保护大脑，增强免疫力，促进自我康复和生长发育。提高学习成绩不能以减少睡眠时间为代价，睡得好的标准是早上起床头脑清醒、精神饱满、思维活跃，有利于学习质量的提高。

四是"心"。身体与心理相互影响，研究表明，人的寿命主要由两方面决定。一是基因，基因是无法改变的。二是心态，心态好，身体的各项机能通畅；心态不好，伤肝闭气。人的情绪状态与学习质量有正相关，学校提出"早起一问好、回家一拥抱"，美好的心情从问好开始，爱的能量通过"一拥抱"传递。

做好"食""动""静""心"这四篇文章，孩子的身体一定会越来越好。

2.能力强，靠什么？

一是"学"。教学，教学生学，所有的知识都是学会的，教只是起到了引导、促进作用，学的多少、学的快慢取决于三个系统：动力系统（学习愿望）、习惯系统（学习习惯）、操作系统（学习方法），我们致力于培养孩子的学习愿望、学习习惯、学习方法，提高孩子学的能力。

二是"思"。一是做事有思路，凡事有目标、有计划、有步骤，理清思路；二是思维发展，学习不仅是学习知识，更重要的是发展思维；三是思想渗透，渗透学科思想，悟到思想真谛。有思路、有思维、有思想的人才能做好人生判断，才能爬得更高，走得更远。

三是"研"。未来人才一定是创新型人才，创新型人才一定需要学习实践与探究。学校装备了很多实验室、探究室，开设了许多实验与探究课程，开展校内外各种各样的实践与探究活动。家庭也要创造条件，帮助孩子"建造"实验室，与孩子一起动手实验，激发创新意识，培养创新思维，提高创新能力，成就创新人才。

四是"行"。能力是练出来的，不是听出来和讲出来的，一个人去学开车、学游泳，"怎么开车""怎么游泳"讲了几年，就能学会开车、学会游泳吗？要学会开车、学会游泳，只有亲自开、下水游。因此，有能力要靠练中学、做中学、用中学。

做好"学""思""研""行"这四篇文章，孩子的能力一定越来越强。

3. 品位高，靠什么？

一是"净"。"净"指穿着干净、环境干净、思想干净。穿着不在于名贵，而在于干净整洁，干净的家室、干净的校园、干净的社区环境影响、造就有品位的人。干净的环境靠每个人来维护，我们开展的"一只袋"活动，自己的垃圾自己管，不给别人添麻烦。自己管，不落地，分好类，定点放，责任与担当就从垃圾管理开始。

二是"绿"。一个城市的绿化可提升城市的品位，孩子所处的生活与学习环境也一样，需要绿色环境，学校组织的"一盆栽"活动的目的就在于此，精心养护一盆栽，相伴九年花盛开。小小一盆栽，不仅是在实践中求知，还有一份坚持和守护，以及对生活的追求和生命的热爱。

三是"艺"。艺术教育是学校高品位追求的一项重要工作，我们开设了"衍纸艺术""版画艺术"、交响乐、形体（舞蹈）等几十门课程，让每一位孩子都拥有一项以上的艺术特长，而这需要家长们的支持。

四是"阅"。杨绛说："读书就好比到世界上最杰出的人家里去串门。"经常去"串门"，自己也会变得越来越杰出，越来越有品位。学校现装备了五个图书馆，建设图书馆学校，培养"亲子阅读"种子家长，开设阅读课程，开展阅读活动，培养爱阅读的学生。

做好"净""绿""艺""阅"这四篇文章，孩子的品位一定越来越好。

培养身体好、能力强、品位高的未来人才就是我们学校的核心目标，大家共同努力！

一堂接地气的宣传课，暗合传播的"正能量定律"和"效应定律"，把学校培养目标与努力方向讲到家长的心坎里，从而落实在家长的行动上。家长与老师携起手来，教育的力量就更加强大。

家校关系，不能对立

1. 沟通的智慧:"三角关系",过于复杂

办公室主任说,收到了一份教育局转来的投诉件,要求尽快回复。

收到教育主管部门转来的家长投诉件是一件再正常不过的事,每所学校都一样。许多老教师抱怨,现在的家长动不动就向上告,以前的家长对老师可尊重多了。

或许是现在家长对教育诉求多了,对孩子的教育要求高了,关注度也高了,投诉的渠道越来越通畅了。如果是这样,也不见得是坏事。但令我担忧的是,家长的投诉件多了,教师会不会变得越来越"佛系",越来越"躺平",造成"教师管不了,不敢管,最后只好麻烦社会管"的局面?

每次投诉件来,如果投诉问题与事实不符,学校只管回复就行,如果调查了解后发现所投诉的问题确实存在,多数情况下是提醒当事教师改进方式方法,把处理意见汇报上去,由主管部门做答复也就基本可以了结。

为了减少行政成本,解决问题简单高效,学校向家长公布了校长热线,但通过校长热线收到的投诉很少,有些家长还是选择

通过上级主管部门解决问题。

家长们为什么不通过校长热线而选择"绕弯儿"解决问题呢？琢磨来琢磨去，我终于想明白了：家长"怕"老师或学校，孩子毕竟在学校被老师"管"；老师"怕"教育局，教育局有处理老师的职权；教育局"怕"家长，满足群众诉求，保持社会稳定是一项重要工作。

因此，家长投诉到教育局，让主管部门来"处理"老师；教育局要给家长"处理"结果，需要通过学校了解和反馈"真相"，给出"处理"意见，然后回复家长；学校找老师谈话，要求整改。

投诉源自于老师与学生之间发生的事，投诉的主体应该是老师或学生，因学生是未成年人，由未成年人的监护人（家长）来"出头"，而家长又不是"当事人"，投诉的内容与信息来源于"当事人"其中的一方（未成年人），而孩子往往为了自我保护，提供的信息就会偏向于自己这一方，这样，投诉的内容往往对另一方（老师）不利，老师就容易被"误伤"。

这样，就形成了一种闭环式的家长、教育局、老师的"三角关系"：家长找教育局，教育局通过学校了解情况并做出处理意见，然后回复家长，老师改变与学生之间的关系，从而改进教育策略。

这种"三角关系"看似解决问题，其实不见得有好的效果，甚至可能会适得其反。一是问题解决的整个过程是以文字而不是以人为沟通方式完成的，就像走程序一样；二是由于老师是当事人，虽然没有告之投诉人，但基本也可以锁定投诉人，本应是

"同一战壕"里的老师与家长容易成为"敌人",进而出现老师"不想管"与"不敢管"的"躺平"现象。

一个孩子的成长离不开两个关键人物:家长和老师,一旦这两个人"闹矛盾",对孩子的成长是非常不利的。要让这两个人成为"命运共同体",达成高度的教育默契,孩子、家长和老师三个人才能一起朝着正确的方向前进,这是我们所希望看到的。

做到家校协同并不是一件容易的事,作为专业的教育单位(学校)要主动承担这一责任,用沟通的智慧照亮教育。首先,学校与老师要加强沟通交流,与家长取得共识,让家长知道孩子出现什么问题,学校和老师会怎么处理,取得家长的信任与理解;其次,要以提升工作质量与水平的积极沟通心态,接纳家长的意见、建议,及至投诉,以此转变老师与家长的教育观念,提高老师与家长的育人水平;最后,要畅通学校与家庭教育的沟通渠道,比如让家委会成为家校有效沟通的桥梁等。

好的关系,是沟通出来的。关系再好,也要及时沟通。

2. 用法的智慧：出现舆情，不要慌张

2016年8月31日，是新学期学生返校的日子，学校的责任督学给我发来一张照片，照片里的孩子坐姿不端正，一名年轻男教师搭着一双手，面无表情地站在一旁，一副不管不问的样子。我一看，这不是刚入职的黄老师吗？

我问督学："照片是哪里来的？"随即督学给我发来一个微博截图，博主评论："海沧某学校……学生坐姿不端，老师袖手旁观……"这条微博已经在扩散传播，许多"好心人"都在追问："是哪个学校的？"

责任督学也发来微信追问："是你们学校的吗？""这老师行为不妥吧？"是的，老师与学生在一起应该是和蔼可亲，俯下身子，手把手地教学生的样子，这老师的姿势确实不好恭维。

这是我学校一个班新生报到时教室里的一幕，老师是在上课吗？这张照片是什么时间、什么背景下拍的？我必须在第一时间向班主任了解清楚。

这是谁拍的？是一个好心的家长拍的。

是谁传播出去的？是家长一高兴，在微信里"炫耀"自己孩

子的照片，没想到被人利用了。

是谁的微博？是一位家长的医生朋友。

照片是在什么时候拍的？在孩子们熟悉校园回教室休息时拍的。

看来，班主任江老师也在关注这一微博信息，了解情况后，我的脑袋急速运转：这张照片有什么不雅？

照片有别于录像，录像是较长时间的真实回放，照片是瞬间影像，瞬间的拍照不能反映真实情境，只能靠想象，因此，把一张照片拿来说事，本身就是不负责任的表现，它侵犯了一位年轻老师和学生的肖像权。我很愤怒！也很担心，担心的是年轻老师第一天上岗，就被当头一击，我不想他承受这样的打击，并因此蒙上心理阴影！

是的，学生坐姿要端正，对于孩子骨骼发育与视力保护，意义重大；课桌椅与孩子的身高搭配协调，孩子坐姿才能端正。但长时间的坐姿端正，是没有人能做到的，何况小孩子！所谓物极必反，长时间的一个标准坐姿，对孩子的骨骼发育有利吗？课桌椅的调整需要根据每个孩子的身高情况而定，学生报到，难免出现人与课桌不搭的情况，需要老师检查记录，上报后勤部门处理，它需要一个过程。

既然有批评意见，就要有回应，有则改之，无则加勉。但老师与学生的肖像权得保护，对一张照片被妄加评论的行为不能无动于衷。

找准源头是解决问题的关键，给拍照的家长讲明利害关系，要求其迅速采取措施，挽回损失，是接下来要做的最重要的事情。很快，一个追一个，家长顺利地找到博主，从法律的角度要求其删除微博内容。

不到 10 分钟，博主对微博内容进行了处理，并作了声明，澄清了事实。

每个人都有说话的权利，但言论自由的前提是不损害国家利益和个人权益，每个人都有权利对人、事发表自己的评论，但评论的前提是了解真相。人们拍照，本意是留下美的图像，美的记忆，但也容易被人利用。家长拍了一张儿子的上学照片，发到微信群与朋友分享，本无他意，问题是这张照片里并非只有其儿子一个人，还有其他孩子，最引人注目的是站着的这名年轻教师，他刚刚陪着几十名孩子一一办完报到手续，半天下来，累得不行。

单看这张照片，没有什么特别之处，但放在微博里一说，就真的有事了。这名搭着一双手的年轻教师被认定为"行为不雅"，一个班学生的坐姿与另一张标准坐姿的照片放在一起，不明就里的人一看，问题就来了，认为这样的坐姿会影响学生的骨骼发育，影响学生的视力……

博主隔空观照，主观臆断，这种人多了，人们的思想意识会乱。我们需要拿起法律武器，维护师生的权益，让那些肆意造假、恶意说谎的人，承担责任，付出代价。不然，无中生有、肆无忌惮损害学校、伤害师生的现象还有可能会发生。

知法守法用法，是学校发展之道。

3. 兼容的智慧：危机处理，简单明了

放置在学校操场的足球门框坏了，急需移走修理，以免发生危险。供货商派了两位工人穿过跑道来移门框，正好七（7）班上体育课的一位学生跑过弯道直冲过来，与来不及躲闪的工人发生碰撞，学生重重摔倒在地，造成严重骨折，需要手术治疗。

校园伤害事故时有发生，该怎么处理？两万多元的手术治疗费用怎么分摊？受伤学生的家庭经济困难，父亲前些日子刚遭遇车祸，孩子的受伤无疑给家庭雪上加霜，这种情况最容易引发家校矛盾和冲突。而家校矛盾和冲突一定让孩子心理很"受伤"。

那么，怎样的处理方式能给受伤的学生以力量，给受伤学生的家庭以温暖，让事故处理散发出教育的味道，把"坏事"变成"好事"呢？

当务之急是解决医药费的问题。

闯入跑道的工人所服务的供货商要负主要责任，承担除校园险能报销金额之外的医疗费，但手术费用毕竟不是小数目。在老师的协调下，供货商主动承担了全部医疗费用，还为这个困难家庭捐了款，这样的供货商，有担当！

体育组老师们你一百、我一百的，也凑了一笔"爱心款"，并及时送到了医院。七（7）班老师组织了一个小型班会，商讨如何帮助同学渡过难关，同学们纷纷捐出了自己的零花钱。

受伤学生出院后，本班同学成立了互助组，轮流陪护行动不便的同学上下楼、去卫生间、到专用教室上课，轮流帮助他把落下的课补上……

一次容易发生家校矛盾与冲突的"坏事"变成了充满爱与情的"好事"，其秘诀就是以学生为本，学生身体受伤了，不能让他心理再"受伤"。

让人感到意外的是，孩子身体鉴定报告认定：十级伤残。

接到家长的赔偿诉求后，学校又组织保险公司、工人及供货商、家长等协调，因"十级伤残"鉴定报告是否权威和家长诉求有争议，大家一致认为走法律程序最恰当。

法院经过审理和调解，厘清了各方应承担的责任和义务，圆满地帮助学校解决了问题。

也许每所学校都会遇上此类校园伤害事件，处理的方式方法也不尽相同，效果也会有差异。我们的做法是，当学生出现校园伤害事件时，首先站在学生和家长的角度思考、处理问题，让学生与家长感受到学校、老师及相关人员的温暖与担当，充分取得家长的理解与信任。其次要及时取证，了解事故发生的真实情况，做好沟通、调解与善后工作。最后要依法办事，如果协调无果，就走法律程序。

这样，减少了家长、学校处理事件的"成本"，降低了事件对学校工作的干扰程度，避免了家校矛盾冲突，更为重要的是学生感受到了两个最重要的人给予的关爱。

　　危机处理，就这么简单，情理法兼容！

　　兼容的智慧，不仅可以避免很多不必要的冲突，对各方都有利，还可打开思路，找到有效解决问题的方法。

4. 还原的智慧：家校沟通，心中有人

"阳光路上"文艺演出圆满成功，我回到家想美美地睡个好觉，一个电话让我毫无睡意：戴校，刚才三（6）班蔡老师说，他们班×××同学演出前在化妆间摔倒了，嘴巴磕出血了，没告诉老师，坚持演出完后，家长带她去医院缝了好几针。

唉哟！负责这个节目的老师疏忽了。于是，我打电话向这名老师了解情况，老师说她不知道这事，化妆、演出过程中没有发现孩子有什么异常。估计这孩子不想放弃演出机会，生怕被老师发现而强忍疼痛坚持到表演结束，这需要多大的毅力呀！

演出后，面对父母，纸就包不住火了，父母看到孩子这"惨样子"，心里会怎么想？班主任蔡老师说家长反应强烈，抱怨老师不闻不顾，孩子受伤也没有采取措施。我当即约了学生活动中心的张主任、班主任蔡老师第二天八点到孩子家慰问。

第二天早八点，我们带着水果来到×××同学家，询问她的伤势。

"你是怎么受伤的？"

"化完妆后，很兴奋，跑出化妆间时，被门槛绊了一下，嘴

巴磕到地板上，牙齿磕到嘴唇，流了好多血。"×××同学说话很大方。

"确实伤得很严重！受伤后，你是怎么处理的？"

"我悄悄地把血咽到肚子里，演出完后，回家时发现还在出血，把我妈吓坏了！"

"好孩子！"我竖起了大拇指。

"当时为什么没告诉老师，寻求老师帮助呢？"

"如果告诉老师，可能我就不能参加演出了。"

"我们在台下看演出，一点儿没看出你异样的表情，看到的是你自信大方的神态。演出时，你嘴巴疼不疼？"

"演出时不疼，演出后开始疼了。"

"演出的时候全身心地投入，就忘记了疼痛。这场演出因为你而更加精彩，你的这种精神值得我学习，也值得我们全校同学学习，你就是我们学校的'阳光学生'。"

×××同学开心极了！她妈妈也露出了骄傲的神色。

"不过，戴校长还是要向你表示抱歉，我们没有发现你受伤，没有尽早把你送到医院处理。"

"不是，不是，是我没有告诉老师。"×××同学赶忙解释。

"不要紧，不要紧！通过这件事，我发现孩子很坚强，我也很欣慰！"妈妈也急着表态。

"你是个非常成功的母亲，孩子的坚强，孩子的优秀，一定是因为父母教育的成功！"

妈妈开心地笑了。

我想，通过对事件真实情境的演绎还原，家校共育的这根

"线"已经连通了。家长的心情可以理解,老师的不知情可以原谅,但没有及时沟通,家校关系不和谐,这样的事情还有可能上升到舆论的焦点,对学校会造成负面影响。

不小心受伤,对一个年仅8岁的孩子来说,其实就是一种"磨难"。她强忍疼痛,坚持完成演出,是多么可贵啊!

无论如何,家校关系的处理首先要保护孩子的一份"善"心。

家教要求，不要太高

1. 传递的智慧：早起一问好，回家一拥抱

快过年了，家里添了一套茶具，繁忙的工作后，可以回到家里坐下来泡泡休闲茶。那天晚上，因来了几位朋友，泡完茶后没有及时清洗茶具就睡了。第二天起床，听到爱人一通唠叨："买了茶具，要及时清理""这么脏……""没有人打扫的话，家里再好的装饰也没用"！我赶忙解释昨天太晚了，没有及时清理，本打算起床后收拾的。

那一天，我情绪有点低落，无精打采，啥事都不想做。无法想象，家人早起的几句唠叨，"影响力"如此之大！

我想，有多少学生经常遭受这样的"待遇"，有多少习惯唠叨的父母早起的一句话让孩子一整天心情低落？这一问题应该让老师与家长关注。

为此，学校又在家长中做了一次问卷调查："早上一起床，见到孩子的第一句话是什么？傍晚回家，看到孩子的第一句话是什么？"

问卷结果让人揪心：大部分家长早上起床，看到孩子的第一

句话是:"昨天作业做完了没有?""起床慢吞吞的,等会儿迟到了!"甚至有的家长一睁眼就开始数落起孩子来。回到家里的第一句话是:"今天在学校表现怎样,有没有得100分?""又玩得满头大汗,赶紧做作业去!"甚至有些家长把工作上的不愉快发泄在孩子身上。

家庭里没有爱的能量的积极传递,孩子感受不到家的温暖,也就没有了安全感和归属感,没有了精神寄托,容易出现安全问题。

为了让每个家庭都充满爱,让每个孩子都可以拥有一个爱的港湾,学校从心理学专业角度出发,于2018年2月启动家庭教育"2.0版本"的"早起一问好,回家一拥抱"主题教育活动。

"早起一问好",即早上起床,父母与孩子互相问声"早上好",开启美好的一天。"回家一拥抱",即回到家里,父母与孩子互相送上一个拥抱,把爱的能量互相传递。

"早起一问好,回家一拥抱",两个动作说起来容易,对于许多家庭来说,做起来感觉别扭,不太好意思,需要心理重构,习惯重建,需要成年人主动作为,就像老师主动向学生问好一样,学生也就养成了主动问好的习惯。早起一声"早上好",送上的是亲情;回家送上"一拥抱",传递的是爱意。不要小看这两个动作,其能量是巨大的,它能改变一个人、一个家庭、一个学校,甚至一个社区。

家长会上,家长们深切认识到家庭里爱的重要性,回到家里尝试做"早起一问好,回家一拥抱"这两个动作。交流会上,学生家长开起了玩笑:"我也跟老婆来一个拥抱,老婆还误会了我"；有家长说，每天都要强装笑脸，鼓足勇气，问个好，来个拥抱，一次、两次、三次，就习惯了；更多的家长这样说："有了这两个动作，孩子回家会把学校里发生的事主动与我们分享。"

能够坚持做到"早起一问好，回家一拥抱"两个动作的家庭，必然是一个充满爱的家庭，一定能培养优秀的孩子。一个拥有文明习惯的孩子，遇上一位好老师，成长之路必将有无限的可能。

于是，动人的一幕幕景象出现了：在校门口，每天早上与学生的问好成为学校领导、值日老师的第一课，伴随着"梦想舞台"弹奏的钢琴乐曲，开启了无比快乐的一天；教师节，学生给老师献花，还会送出一个拥抱，把老师感动得热泪盈眶；六一儿童节，孩子们为自己的家长颁发"阳光家长"证书，也奉上一个拥抱，每一位家长收获了人生最为美好的礼物……

我们学校的家庭教育提升工程不再强求家长花多少时间辅导孩子作业，而是引导家长从小事做起，做他们能做的事情，如关注孩子的早餐、保证孩子的睡眠、培养孩子的习惯，构筑和谐的家庭，传递爱的能量等。

教育即影响，我们学校的每位老师、每位家长努力给足孩子们心理安全感，学生有了心理安全感，老师、学生、家长的沟通便无障碍，问题就能解决在初始阶段，平安校园建设工作就能落到实处。

两个动作，坚持下来，没错的！

传递爱的积极能量，温暖他人，让世界美好。所遇美好皆教育。

2. 生本的智慧：少送100米，言传又身教

新校区的大门朝向新开发的小区，学校与小区相隔一条小道，学生上下学没有缓冲的空间。更让人担忧的是，小道中间有一个地下停车场的出口，小区业主开车外出必然经过校门口这条小道。加上家长接送孩子的车经过，上学放学期间道路交通拥堵是必然的，还存在较大的交通安全隐患。

学校设置了两个大门，其中一个是消防门，两个大门的朝向相同，大门出去就是一条小道。

"怎么两个门的朝向都相同？""这是什么'神设计'？"……老师、家长都在抱怨。

建一所学校，没有让使用单位参与整个过程，问题就产生了。设计与建造者完成了任务，却没有满足使用者的意愿，一切问题都由长期使用的人来承担和解决。

通道可以打通，绿化可以改造，但改大门朝向却不是一件容易的事。

"硬"的改不了，唯一的选择是改"软"的。

校门口小道的安全隐患与学校领导、老师有关，与学生有关，与学校家长有关，与小区车主有关，谁来改变现状？

小区车主上班时间与学校上学放学时间基本一致，要想长期让小区车主开车上班错开时间不现实，动员家长不要把车开进校门口小道才是解决问题的关键。

路是让人走的，让车开的，学校无权限制车辆通行，必须让安全停车成为家长的自觉行为。

在上学放学的半个小时时间里，要求所有家长都能够自觉自愿把车停在大路边送孩子上学或接孩子回家，让孩子走人行通道进出校园，这是个难题，更何况大路边也没有那么多可供家长停车的地方。

再大的困难都得克服，因为它关乎孩子们的安全。

家庭教育提升工程3.0喊出了响亮的口号："学生多走100米，安全又健康；家长少送100米，言传又身教。"多走100米和少送100米的教育活动由此展开。

门卫动起来了，老师们动起来了，家长志愿者动起来了，区交通委的领导也来了……

老师们通过家长微信群，讨论100米的重要性；家长志愿者穿着志愿者服装，在校门口外100米处劝导；值日老师为每一个走路上学的孩子点赞……

有些家长还是不理解甚至质疑学校的"良苦用心"，还得把动员工作做细做实。

第二次开家长会，老师们是这样说的："有两个孩子，一个孩子的家长天天接送到校门口，另一个孩子在100米之外接送，每天就多走 400 米，一年按 200 天计算，一年就多走了 80000 米，六年就多走了 480000 米。六年后两个孩子的差距就越来越明显，第二个孩子更有可能比较自立、健康、有担当和责任感。"

老师的话很实在，很在理，说到了家长的心坎里。

功夫不负有心人，在大家的共同努力下，特别是在家长的理解与支持下，校门口的这条路成了宽敞、安全、舒心、漂亮的一条路。

这"100 米之变"让新校区的老师、家长、学生明白了这样一个道理：时时处处有课程，一事一物皆教育，老师、家长的一言一行、一举一动，都是教育，也都是一门课程。学生成长的每一个地方，身在其中的每一个人都重要，每一个人都不能少。

老师们说："这 100 米都能改变，学校里还有什么是做不到的呢！"

我想，只要我们的思维定格在学生身上，为学生的安全与健康着想，无论什么样的问题，一定有办法破解。

以人为本、以生为贵的生本智慧告诉我们，学生不仅是教育的对象，更是教育的资源！

3. 分享的智慧：请教 10 分钟，助学更轻松

据《中国教育报》报道，曲阜师范大学大学生家庭教育研究会面向山东省日照市六所小学 3000 余名家长，开展了"小学生家长辅导、检查孩子做作业"现状调研，调查结果显示，近七成家长陪写作业时情绪暴躁。如果家长一味地催促、唠叨甚至武力威逼，只会让孩子反感、害怕甚至焦虑，对做作业越来越缺乏主动性。家长陪写作业中出现的亲子矛盾，已经成为家庭幸福感下降的原因之一，成为亲子关系的一大"杀手"。

在完成家庭作业过程中，孩子遇到困难，家长能及时帮助孩子渡过难关，本是一件好事，但是，家长辅导孩子做作业也很容易成为亲子关系的"杀手"。

如何陪写作业，才能做到事半功倍？我们需要引导家长思考这个问题。

孩子在学校里有专业老师引导学习知识和培养能力，回到家里，一些性格急躁、缺乏耐心，又没有作业指导能力的"外行"家长充当"老师"的角色，自然会产生亲子矛盾。

如果家长转变角色，从当"老师"为当"学生"，每天用10分钟左右的时间向孩子请教，让孩子从当学生为当"老师"，运用课堂所学知识教家长，给孩子创造"教别人"的机会，也许会起到意想不到的效果。

美国科学家爱德加·戴尔关于"学习金字塔"的研究表明："马上运用所学知识去教别人"的教学方式，24小时后学生的记忆效果最好。这项研究给我们解决问题提供了科学依据。

2019年2月，我们学校秉承"教育即影响"的教育理念，坚守教育常识，尊重教育科学，面向孩子未来，关注孩子心理，激发学习动力，提高学习效度，丰富教育内涵，开启了"4.0"版家庭教育提升工程——"请教10分钟，助学更轻松"主题教育活动。

为此，老师们给学生布置的作业变了样，把自己上课学的知识教给家长；学生在家完成的作业竟然是当"老师"，想尽办法把所学知识教给家长；家长们也有了一个关注孩子、亲近孩子、了解孩子、促进孩子成长的机会，当起了孩子的"学生"，聆听孩子的"教导"，分享孩子成功的快乐。

孩子当"老师"，运用课堂上所学的知识教家长，一定需要知识回忆、知识整理和知识重构，有利于知识的巩固和提高；孩子当"老师"，运用课堂上所学知识教会家长，增强了孩子学习的荣誉感，促进孩子在课堂上学好知识，有利于激发孩子学习的主动性；孩子当"老师"，家长当"学生"，家长在请教的过程中了解孩子的学习情况，并用提问的方法促进孩子思考，有利于增进平等和谐的亲子关系；甚至，孩子当"老师"，也顺应了国家

"不布置或少布置家庭书面作业"的"双减"政策……

孩子当"老师",家长要做的无非是给孩子准备一块小黑板和"装模作样"地当"学生"。

孩子当"老师",是一种别样的学习方式,他们乐在其中,在学会分享的同时,也习得合作、表达等能力。

4.劳动的智慧：分派家务活，自立在其中

劳动教育是我国基础教育短板中的短板，却又是学校教育不可或缺的一部分。

古人云："吃得苦中苦，方为人上人。"意思是吃得千辛万苦，才能成为别人敬重、爱戴的人，此话确有一定道理。为了让孩子们吃点苦并从中体验到劳动的快乐，我们开发了"阳光果园""耕读乐园""修身餐厅"等劳动实践基地，开设了劳动教育系列课程，小学科学课和中学劳动课也都专门设置了种植类模块课程。

学校把菜地分给了各个班级耕种，还为学生聘请了种植老师——保安刘叔叔，并组织家长们带着孩子一起种、一起养、一起收、一起煮、一起尝，收获劳动的喜悦。各班级还组织义卖活动，在社区摆摊设点，义卖的钱捐给了宁夏泾源县第四小学的图书馆……劳动成为学校五育融合的重要课程。

近几年，我们学校开设了这样一些劳动教育课程。

年级	劳动主题	劳动区域	劳动目标	劳动内容
三年级	阳光"果农"	阳光果园	1. 了解水果的生长过程，掌握水果的种植技能 2. 培养劳动意识和劳动精神，珍惜劳动成果，尊重大自然 3. 增强学生的动手能力和团队协作能力	活动1：果树认养 活动2：果树护理 活动3：水果收获 活动4：水果制作

续 表

年级	劳动主题	劳动区域	劳动目标	劳动内容
四年级	耕读"园长"	耕读乐园	1. 了解和体验耕读文化 2. 掌握一些实用的劳动技能和传统手艺 3. 培养动手能力和创造力，以及环保意识和劳动精神	活动1：了解耕读文化 活动2：体验农耕生活 活动3：学习传统手艺 活动4：实践绿色生活
五年级	修身"帮厨"	修身餐厅	1. 了解食堂工作人员的日常工作 2. 掌握一些基本的劳动技能，如清洁、整理、洗菜等 3. 懂得珍惜劳动成果，培养感恩之心	活动1：洗菜择菜 活动2：卫生打扫 活动3：餐具清洗 活动4：餐具整理
五年级	明达"书童"	明达书院	1. 通过实践，掌握一些图书馆工作技能，提升责任感和团队协作能力 2. 学习如何正确使用图书馆和尊重图书馆的规则	活动1：书架整理 活动2：卫生打扫 活动3：图书阅读 活动4：图书推荐
六年级	校园"保洁"	校园卫生	1. 增强环保意识，理解保护校园环境的重要性 2. 提高劳动技能，培养责任感 3. 提高劳动技能和团队合作精神，培养热爱劳动的精神	活动1：校园清理 活动2：绿植养护 活动3：问题分析 活动4：我为校园"谏言"

与此同时,"一盆栽""一只袋"的教育活动也得到了广泛开展,并取得了非常显著的成效。

我们学校有个不成文的规定,在学校九年时间里,坚持养护好一盆栽。学校开辟了各班养护的盆栽长廊,成为学校一道亮丽的风景线。每个孩子养护一盆栽,需要学习盆栽的特性和养护知识,定期施肥浇水,全班就有四五十盆栽,全校就有几千盆栽,孩子就能认识几千盆栽。小小一盆栽,不仅是在实践中求知,还体现了一份坚持和守护,以及对生活的追求和生命的热爱,真所谓"精心养护一盆栽,相伴九年花盛开"。

自己的垃圾自己管,不给别人添麻烦,这也成了学生行为文化之一。到学校参访的客人都会发现一个奇怪的现象:整个学校看不见一个垃圾筒,但校园很干净。"进修附校"的每一位学生书包里都有一只袋,这只袋的用途就是装垃圾,放学回家前自行送到垃圾分类箱。

食堂里,你会发现很多岗位都有学生志愿者,他们每天坚持为同学打饭、盛汤、打扫地板……

学生的劳动习惯要成为一生的宝贵财富,还需要家长的配合,让家庭、学校、社会共同参与到劳动教育中来。为此,在2019年9月我们又启动了"家庭教育提升工程6.0"——"分派家务活,自立在其中",劳动教育成为家庭教育的一项必要工作。

不舍得让孩子劳动,生怕孩子累着,是许多家长的普遍心态。要改变这一心态,就必须从加强劳动教育开始。

学校通过家长会和家教讲座向家长宣传:教育的任务是让孩子变得越来越强大,而溺爱与包办恰恰让孩子变得越来越弱小,培养不出身体好、能力强、品位高的未来人才。家务劳动能培养孩子"自己能做的事自己做"的独立意识，提高独立生活能力；有家务劳动体验的孩子更懂得体谅父母、尊重别人；家务劳动还能使孩子脑细胞得到更多的刺激，加快脑细胞的发育成长；家务劳动更能促进大肌肉、小肌肉的发育，以此来增强体质；家务劳动还能促进良好个性、道德品质的发展……

给孩子分派什么家务活？这是劳动教育课程中的又一个问题。学校德育部门制定了详细的九年一贯的劳动教育内容，供家长参考与实施。洗碗、拖地成了每个学生的必修课，从做自己的事开始，到做家里的事、学校的事、社会的事，劳动教育随着年龄的增长不断进阶。

人活一世，离不开劳动，它是安身立命的修行，是自立自强精神的体现。

劳动教育，真的很重要！

家校协同，精准高效

1. 负责的智慧：在家吃早餐，安全又健康

初到一所老校当校长，我遇到了第一个棘手的问题：校园周边环境脏、乱、差。

脏、乱、差的原因是校园周边有很多小摊贩，小摊贩一走，留下了一堆又一堆的垃圾，很快便发出臭味。"环境影响人"，长期在这种环境下"受熏陶"的学生，会是什么样的情况呢？

据说小摊贩在校园周边"盘踞"了许多年，生意很好，城市相关部门也曾经驱赶过，但几个回合下来，也拿小摊贩没有什么办法。

有市场必有消费者群体。通过几天的"侦查"，我发现消费者主体竟然是我们学校的学生。

为什么在原来任教的学校没有这样的问题？哦！学生来源不同。

学校95%的学生是外来务工人员子女，父母大多在工业区工作，早出晚归，很是辛苦，许多家长每天给孩子几元钱解决早餐问题，也无暇过问孩子的早餐吃了没有，在哪里吃的，

吃了什么。

每周升旗仪式或每天的大课间活动，总会有学生晕倒的现象，原因是没吃早餐，低血糖。至于上课的状态那就可想而知了。

让家长给孩子做一份早餐，成为必须解决的一件事情。

恰好家委会组织了一次读书活动，最后要校长发言，我就借机拿"一份早餐"说事：

"家长朋友们，每天早上能为孩子做一份早餐的家长请举手。"

举手的家长寥寥无几，这是我预料之中的。

"那么，孩子的早餐是怎么解决的？"

"每天给孩子一点钱，让孩子自己解决。"

这也是我预料之中的。

"你确定孩子每天都吃早餐吗？"

"应该吃了吧！""真不知道哦！"

"你知道孩子是在哪里吃早餐吗？"

"不知道！"

我介绍了孩子因没有吃早餐而在升旗仪式或大课间站立时晕倒的情况，播放了校园周边小摊贩旁许多孩子吃面条、辣条，以及留下一堆堆垃圾等不堪入目的照片。

"在没人监管的小摊贩旁吃早餐，风险很大！我们不清楚小摊贩的肉是哪里来的，是否健康；不知道用的是什么油，哪里来的，是否合格。小摊贩摆在车来车往的路边，怎么保证食品的卫生……再说，环境造就人，校园周边因小摊贩导致脏、乱、差的现象，孩子们在这样的环境下学习生活，怎么可能成为讲卫生、讲文明、素质高的人？"

会场上鸦雀无声，家长们被震惊到了。我得继续劝说。

"我们应该如何改变这种现状，保证孩子的身体健康？"

"辛苦点，为孩子准备早餐。"

"我知道，家长们早出晚归，工作辛苦。今天我们读书会谈得最多的是'陪伴'，其实最好的陪伴就是给孩子做一份早餐，孩子们吃上父母做的早餐，一辈子都不会忘怀。相反，每天扔几元钱给孩子自己解决早餐问题，是极不负责的一种表现，给孩子的影响很不一样。"

有些话说到家长的心坎里去了，能激发他们的责任感，从而获得主动改变生活方式的能量！

当天晚上，家长群"炸锅"了：家长朋友们，大家好！从今天开始，我们当家长的每天坚持给孩子做早餐，不要让孩子在路边摊吃了。我们校长说，路边摊吃多了，可能给身体健康带来重大影响！

有些家委把我的话传"歪"了，不过，还挺有震撼力。

第二步要做的，是通过召开家长会对家长做一次专题培训。我们请来了食品专家徐博士和安井食品的营养师作食品安全与营养搭配专题讲座，家长们越来越认识到早餐的重要性。

2016年浙江省中小学教育质量综合评价监测新闻通气会上发布了一系列相关数据，数据表明：吃早餐对学生学习的积极影响很大，远远超出学生在学习方式、学习动力、自信心、参加校外补课、家长教育水平和家庭收入等方面的优势。

除了影响学习成绩，早餐还对改善亲子关系至关重要。数据显示，学生每天吃早餐的比例每提高10%，四年级、八年级学生的亲子关系指数会分别改善6.16%与5.98%。

原来，早餐对学生的影响这么大！

"关注孩子，从早餐开始"主题教育活动开展起来了。家长们每天都会在群里"晒"早餐，分享做早餐的心得体会，提高做早餐的能力与水平。每天早上，老师们一到班级就会问学生：同学们，吃早餐了吗？在哪里吃的？以此强化"在家吃早餐"的意识。学校聘请市场监管所的人员指导编写了《我身边的食品安全》，让这一意识入脑入心，化为行动。

第三步要做的，是联系市场监管和城市管理部门，将学校需要解决的问题提出来，请他们帮忙解决。相关部门很给力，很快将小摊贩引导到社区小市场里。相关部门领导说，"进修附校"通过教育家长和学生，让小摊贩在校园周边没市场，帮助他们解决了食品安全与城市管理中多年积累的"老大难"问题。

"三步走"策略让校园周边清静了、干净了，多年积重难返的问题解决了。

2. 润泽的智慧：共读一本书，幸福全家人

培养学生的阅读习惯、让学生爱上阅读，是每个学校都很重视的一项工作。

2021年秋，学校又一开放式图书馆——明达书院建成，加上原有的三个室内馆，校园里一共有四个图书馆供不同学段学生使用。

在开放式图书馆，学生自由看书、做笔记，还可以把图书带回家阅读再还回去。明达书院成为学生课间与放学后、周末的好去处，也成为学生图书漂流的好地方，同学们自愿把家里读过的图书送到明达书院流转，让更多的同学受益。

2022年秋，新校区正式投用，新校区又有一个图书馆供小学一、二年级学生使用。

为了方便家长与学生阅读，充分利用图书馆资源，增加学生的阅读量，图书馆周末对社区开放，图书馆工作人员实行弹性上班制度。

我们学校只有三个专职图书管理员，要管好五个图书馆谈

何容易，但图书馆工作开展得有条不紊。三个图书管理员给图书归类、为学生办理借阅手续，还组织了社团，社团里的学生都是阅读爱好者和图书馆志愿管理员。还有一些喜欢阅读的家长，也成为图书馆志愿管理员，志愿服务的同时与孩子共读一本书。

校园里的书香气息越来越浓，把学校图书馆变成图书馆学校的办学梦想逐步实现。

让学生爱上阅读，家长的作用不容忽视。家庭教育提升工程6.0——"共读一本书，幸福全家人"主题教育活动热火朝天地开展了起来；每年定期组织"春之约""夏之约""秋之约""冬之约"亲子阅读活动，活动中有师生阅读指导与家长亲子阅读展示，有阅读专家讲座、家长亲子阅读论坛等，形式多样，丰富多彩。

2022年秋,"成长共同体"建设成为学校办学质量提升的一个增长点,全校各班级成立了若干个"学习共同体",对应的是"家长共同体","家长共同体"与"学习共同体"的一个活动载体就是亲子阅读活动。

　　培养"种子家长"是亲子阅读活动的关键。2023年4月,学校图书馆启动了"种子家长"亲子阅读活动,为期四个月,"种子家长"会带着孩子与学校聘请的阅读专家共读一本书。通过每周一场的共读活动,家长们渐渐知道了如何把孩子引进阅读之门,如何与孩子共读一本书,如何让孩子爱上阅读。

　　即使是文化水平不高的家长,他们参与了亲子阅读活动,也明白了阅读对孩子成长的重要性,他们纷纷为孩子准备书架,在书架上放上适合孩子读的书;每天少开一会儿电视,少玩一会儿

游戏，给孩子多一些阅读时间，创造一个书香环境。

父母的一举一动传递着一种阅读信号、一种对阅读的态度。

父母与孩子真正共读一本书的时候，浸润在和谐的气氛中，不断靠近心灵，靠近美，幸福感油然而生。

3. 成全的智慧：孩子有成长，家校共携手

我们学校的家长会有点"特别"，每次家长会解决一个问题，有时家长会不需要全体家长参加。以学生的身体发育状态为例，与前几年相比，现在校园里体形肥胖的学生越来越少了，这其中有家长的功劳。

前几年，影响体育中考整体成绩的往往是那些体形比较特别的学生，他们跑不动、走不快、跳不远，怎么努力也无法拿到高分。让体形特别的学生也能真正运动起来，能够取得理想的成绩，成了体育组老师的一项重要工作。

每天的大课间活动，各年级都有一道"亮丽的风景线"，"重量级"学生单独列队跑步，在老师的鼓励下，一个个拖着沉重的步伐跑得气喘吁吁，让人揪心！

"重量级"学生的大课间活动的内容不太一样，目的是把体重减下来，可见体育组老师是多么的用心！

我们常见上了一定年纪的人肚子慢慢大起来，主要原因是新陈代谢能力下降，通俗点说，是进去快而出去慢，进去就是

"吃"，消化、吸收与代谢功能降低，出去就少，脂肪累积，重量自然增加，肥胖对身体的危害性可想而知。未成年人太早肥胖，就要引起高度重视了。

造成肥胖的原因主要有两种：一是生物遗传，是基因所决定的，比较难改变；二是后天养成的，是饮食及其生活习惯造成的。无论哪一种，都与其父母有关。

解铃还需系铃人。"重量级"学生的问题除了老师给予健康指导，还要家长予以重视，否则效果会大打折扣。

"重量级"学生家长会如期召开，本次家长会也邀请学生参加。会上，体育组高老师剖析了肥胖的成因、危害与科学饮食的方法，张老师介绍了学校"重量级"学生大课间活动的具体方案以及居家运动指南。家长们也坐不住了，无论是饮食，还是作息与运动，都得到了高度的重视，有了实际的行动。

早晨站在校门口迎接孩子上学，我都会跟"重量级"学生打招呼，孩子们总会跟我说："校长，你看我瘦了吧！"我总会竖起大拇指，给他们一个大大的赞。

第二个学期开学时，"次重量级"学生与家长经验分享会如期召开，我把它叫"次重量级"的理由是那些孩子的身形发生了可喜的变化。会上，孩子们与家长踊跃发言，分享半年来的减重经验，目睹孩子们与家长激动的景象，我很欣慰！

老师与家长齐心协力帮助"重量级"学生解决问题，达成了学校"身体好"的育人目标，提高了学生的体育中考成绩，无疑是家校相互成全的协作过程。

学校建校之初就开始组建管弦乐团，乐团从几十个到现在的

A、B、C三个梯队几百个学生，乐团训练坚持了五六年，每年一次的春节联欢晚会，家长们亲眼见证了乐团孩子们的成长：参加各级各类比赛、演出成绩斐然。管弦乐团的发展壮大和持续坚守，与家长们的支持、配合是分不开的。当初集中购买了一套管弦乐器，许多乐器不便携带，需要家长自行准备孩子在家练习的乐器。学生课余时间要上小课，比较迟放学，家长要长期接送。

学校设计了一个能容纳20多个球台的乒乓球馆，聘请了六年专职教练，大课间、周末的球馆里乒乒乓乓，乒乓球队也取得了优异的成绩。许多家长为了让孩子训练常态化，想尽办法在家为孩子准备乒乓球室，和孩子玩起了乒乓球。

学校设置了网球课程，装备了四个网球场，开设了网球课，网球成为学校体育的一项特色课程。有家长把自家屋顶改造出一个网球场，和孩子打起了网球。

学校成立了健美操、啦啦操、艺术体操社团，装修了一个标准的学生健身房，以供健美操、啦啦操、艺术体操队员训练用，健美操、啦啦操、艺术体操队参加各级各类比赛，获奖无数，已经成为学校教育的一张名片。有些家长在家里设置了体操房，自己也开始练体操。

学校成立"明达科创中心"，开设了人工智能课程，许多学生报名参加人工智能、机器人、科技创新等社团，家长们承担了外出参加世界机器人大赛、全国科技创新赛的部分费用，很多家长在家里为孩子准备了"家庭实验室"，与孩子一起动手做实验。

……

我想，家长为什么那么支持学校工作？答案只有一个，学校的工作是为了孩子的健康发展。家校有共同的目标愿景，才有互相成全的家校合作。

成全是一种智慧，也是一种幸福！

4."吃苦"的智慧：虚拟世界恼，现实体验好

"凭啥天天催我读、读、读……烦死了！"孩子天天抱怨。

与家长沟通，几乎所有家长都抱怨自己孩子学习不自觉，老是偷懒。

会偷懒，说明有比学习更能吸引孩子的东西。我们要了解孩子，读懂孩子的心理。

在许多孩子的世界里，他们对学习的感受是：

"每天一回家，爷爷奶奶、外公外婆、爸爸妈妈都很关心我的学习，轮流陪我做作业。为什么大家都在'逼'我考好成绩呢？"

"为什么爸爸妈妈白天工作，晚上没有作业，可以去喝酒、打牌、刷手机，我那么小，白天在学校学习，晚上还要学习呢？"

"每个学科的老师都要求我考好成绩，都在'争夺'我的课外时间。哪个学科的作业没完成，明天有我好受的！"

……

总之，许多孩子的感受是：学习怎么这么苦！

那么，到哪里找快乐？

在地铁上、动车里、饭桌旁……大家都在忙什么？刷手机，连姿势几乎都一模一样。手机已经成为人们必不可少的东西。

成年人尚且如此，未成年人呢？一定更是如此！他们也会到手机里找快乐，手机里的游戏可比学习有意思多了，游戏成了孩子们的"精神寄托"。

"苦"与"乐"是相对的，虚拟世界很快乐，现实世界的体验就是"苦"，没有辨别能力的未成年人当然选择到虚拟世界里生活，一旦陷入便不可自拔，只有在被强迫的情况下才会很不情愿却又无可奈何地回到现实世界里。

家长急啊！

更为严重的问题是：孩子不断地在"苦""乐"两个世界里转换，对孩子心理的强烈刺激容易使人焦虑、失眠，甚至抑郁。这要引起我们的高度重视。

怎样才能把孩子从手机里"抢救"出来呢？我们必须有所作为。

把孩子从手机里"抢救"出来，最有效的方法是让孩子体验现实世界的"乐"，在现实世界中收获果实，在现实世界里体验快乐，增强孩子的"现实感"。

我们学校在2019年开始进行"三课一体、九年一贯"课程体系建构，丰富、完善学校的课程内容体系，在开好基础课的前提下，开发了拓展课，开设了活动课，仅学校层面的社团就有耕读、交响乐、播音主持、合唱、舞蹈、健美操、网球、乒乓球、人工智能等60多个，孩子们在各种课程学习中不亦乐乎，参加各级各类比赛频频获奖。2020年我们又提出并实施课堂转型，向"结构化、活动化、教学评一致"转变，从浅表学习向深度学习转变，构建"学会、会学、乐学"的课堂教学基本范式和评价方式；改变作业方式，减少和控制书面家庭作业的数量，增加阅读、动手实践型等作业。这样，每个孩子都不会是闲人，都能在课程学习中有收获、有乐趣。

两个月的暑假、一个月的寒假是学生最容易沉迷虚拟世界的时候，怎么让学生在这两个长假期里生活在现实世界里？需要与家长商讨这个问题。

除了传统的寒暑假作业，学校通常会布置以下几项作业。

一是每人从图书馆借20本书，在假期阅读。许多学校放假时会收回学生借阅的图书，"进修附校"图书馆人员的工作是把图书全部借出去，让每本书发挥最大价值。

二是每天坚持一个小时的运动，每个学生都要学会游泳。海边的孩子不会游泳，缺乏落水自救的能力，说明学校教育有不足，因此，"进修附校"的每个学生都有这一门必修课，小学六年级之前完成。

三是至少一周时间里到父亲或母亲的单位体验成年人的工作，这是学校假期作业的一个创新性尝试。

小时候，父亲专门带我走了很远的路到乡里公办食堂吃粉蒸肉，两碗5毛钱，父亲掏口袋里的钞票，我一眼就能看出他的窘迫，萌生了要改变现状的动力。如今，我们拿出手机扫码付款的时候，孩子却以为里面有用不完的钱。"汗滴禾下土""粒粒皆辛苦"的诗句，孩子们耳熟能详、脱口而出，却没有现实体验，所以补上这一课非常重要。

学生家长李先生是一个工厂的搬运工。孩子上初中了，像其他家长一样，李先生开始为孩子的学习而苦恼，感觉孩子对学习越来越不上心，学习成绩让人担忧，如果这样下去，孩子考个高中都是问题。果然，初一期末考试孩子成绩一落千丈，一气之下，他暑期带孩子到自己的厂里当搬运工。

半个月时间里，孩子天天叫苦不迭，脸黑了，身子消瘦了，手掌磨出了泡，肩膀压出了血印，妈妈看着心疼，天天埋怨丈夫让孩子受那么多的苦，可李先生这次没有心软，要求孩子继续跟自己一起干活。

孩子终于扛不住了，开始跟李先生"谈判"，请求休息几天。李先生对孩子说："你就是搬运工的命。"儿子不服气，表示决不当搬运工，李先生说："爸爸也累，没有文化，只能认命。一个月工资五六千，平均每天一两百，每天生活费五六十，还要供你上学。楼上办公室里的那位叔叔是个高管，大学生，靠知识与能力工作，收入是爸爸的五六倍。爸爸为什么经常催你努力学习，就是希望你长大后有出息！"

让李先生没有想到的是，通过这个暑假的磨炼，孩子变得懂事多了，学习成绩也发生了很大变化，后来考上了厦门大学，毕业后进入海关工作……

然而，有多少家长和老师能狠下心来，让孩子在现实体验中进行自我教育呢？爷爷、奶奶、外公、外婆、父亲、母亲每天催着孩子要学习成绩，但孩子不知道学习是为了什么。

家长和老师都渴望孩子成功，但不知道如何培养孩子走向成功所需的品质。家长不让孩子吃苦，不让孩子受挫，帮孩子找关系、找学校、买房子、办婚宴、带孙子……包办孩子的一生，又需要孩子具备迎战困难的能力；老师在课堂上拼命地讲，而不让学生自己学，又要学生具备取得好成绩的学习能力：这是一个悖论。当学生没有达到家长、老师和自己的预期目标时，还需要有输得起的能力，而成功的人一定是输得起的人。

当今孩子接受的信息更多来自电视、网络。试问：大多数家庭最重要的位置放着什么？是电视，因此，孩子回到家做的第一件事是看电视。父母在孩子面前用得最多的是什么？是手机，因此，孩子最喜欢的也是手机游戏。

孩子有学习问题、心理问题，我们总是在责骂孩子。现实中的成年人也许就是孩子出现问题的推手。

人生在世，没有"吃苦"的智慧，就要一辈子"吃苦"。

所以，学校要与家长联手，丰富孩子的现实体验，让他们在现实中学会吃一些一定要吃的"苦"：吃学习的"苦"，吃负责的"苦"，吃拓展视野的"苦"，吃自主自律的"苦"……

附 录
关于本书的部分评论

"简单"二字,虽然"简单",但却把住了教育的魂魄:回归本质规律,回归人性常识,以人为本,以生为贵。60个实践智慧,展现的是一个教育智识分子,对60个微妙教育问题的巧妙解答,绽放出的是唯有教育才有的美妙光彩。正因如此,"简单"迸发而出的是教育的伟力,让生命充盈了幸福成长的光辉。

——李政涛(教育部中学校长培训中心主任,华东师范大学基础教育改革与发展研究所所长)

大道至简。所谓简单,其实就是对复杂性举重若轻的把握。而所谓"实践智慧",也就是实践者对运动规律的现实性、针对性、实效性的应用。戴曙光的《简单的力量——引向教育幸福的60个实践智慧》通过对学生管理、专业提升及家校关系的深入反思,提出了许多化繁为简的建议,是一本能给一线教育工作者减轻阅读负担、增加教育智慧、提升教育幸福感的好书。

——檀传宝（北京师范大学教育学部教授）

《简单的力量——引向教育幸福的60个实践智慧》是一部生动揭示修道以教、智慧育人的杰作。它告诉我们，在纷繁复杂的学校教育中，"简单"不仅是一种专业态度，更是一种生命智慧。书中通过丰富的案例和深刻的洞察，展示了"简单"如何在管理育人、教书育人、服务育人、协同育人的过程中，转化为清晰思考的源泉、高效行动的力量和破解难题的钥匙。正是基于规律、志于愿景、据于实际、依于生长的"简单"，让教师、学生和家长透过现象的迷障，摒弃芜杂，聚焦核心，释放潜能，活出幸福。"简单的力量"真不简单！

——王崧舟（杭州师范大学教授、博导，特级教师）

曙光校长《简单的力量——引向教育幸福的60个实践智慧》呈现给我们的简单管理，是战略上的举重若轻，简要；是战术上的化繁为简，简明；为的是化难为易，简洁；收获是简约，而不简单。

简单，易致草率、单薄。曙光校长的简单管理不是满足甚至陶醉于简单，他要的是"不简单"——思想有高度，过程有温度，结果有厚度。

——崔学鸿（深圳市第二实验学校原党委书记、校长，特级教师，正高级教师，广东省名校长）

这是一本充满智慧的校园故事会。校园卫生如何保持，去专用教室上课如何才能准时，教室的门该不该上锁等。在这些寻常不过的小事件中，我看到了戴曙光校长独到的管理艺术。看似不按常理出牌，实则每一项举措都是立足儿童、坚守常识、独立思考的结果。戴校长是在做减法，但得到的却是加法甚至乘法的结果。将心比心，让学生获得自主成长的自由，让教师获得专业发展的自由。于是，简单的做法，产生了巨大而动人的力量。

书中的故事非常好，接地气，又有大格局。从人性出发，从常识出发，尊重孩子，解放孩子，学校就一定能办好。

——朱煜（正高级教师、华东师范大学硕士研究生兼职导师、建平实验小学副校长）

我一直认为教育是复杂的，也是简单的。一名称职的校长既要有清晰的教育愿景，又要关注师生个体发展，善于整合资源与沟通协调，以应对各种挑战。校长的办学智慧在于如何将这些复杂因素融合成一个协调统一的教育体系，同时保持教育过程的简洁性和实效性。曙光校长的这本《简单的力量——引向教育幸福的60个实践智慧》呈现的正是他在这方面的智慧。

——凌宗伟（江苏省特级教师、南通原二甲中学校长）

从一名优秀教师成长为一名优秀的学校管理者，离不开"用心"二字。通过《简单教数学》一书认识了戴曙光老师，对其"简单教"中蕴含大智慧的学科教学理念印象颇为深刻。现在，曙光老师成了曙光校长，角色改变了，"用心"实践、积极探索问题解决方法的研究姿态却没有改变。本书集中呈现了他七年多来的学校管理实践经验——60个智慧管理的故事。文字浅显、简约、生动，闪耀着"以人为本"的智慧管理的光芒，读来给人颇多启示。

——费岭峰（任职于浙江嘉兴南湖区教育研究培训中心、《怎么做教学管理》的作者、特级教师、正高级教师）

达·芬奇说："简单是终极的复杂。"当牛顿定律将复杂运动用简单的一个公式揭示后，我们惊叹简洁之美。当我们痛苦纠缠于高考名篇背诵要反复滚动检测时，我们羡慕教育的简单与纯粹。理想的教育，有温度的教育，恰恰可能是去杂务精的简单教育。当别人还在严防死守时，戴校长学校教室的锁已去，图书馆的门常开，校园的网可上，器材室的球自取，你就会感知"身体好，能力强，品位高"这一培养目标"简单的力量"。

——欧阳国胜（福建省正高级教师、特级教师，现任职于厦门外国语学校）

这是一部有教育温度的书，在当下语境变得冰冷的时候，这里升温37度。

这是一部有温情的书，没有强加的说教，但言语关爱里有自然的心悦诚服。

这是一部充满着哲理的书，"简单"是辩证法在教育的母题，之所以"内卷"，是因为自我思维里你竖起了高墙。

这是一部带给忙碌的教师群体警醒的书，并非生命短暂，而是我们荒废了太多。

——打开它吧,让我们一起领略东海上喷薄升起的生命的曙光。

——王益民(厦门市新教育学校校长)

"简单的力量"究竟是什么力量?读着书中一个个生动的教育故事,我感受到了"相信"的力量、"放手"的力量、"关爱"的力量、"规则"的力量……书中教育故事所呈现的学生管理、教学管理、家校协同等问题,很多问题你都会有"似曾相识"的感觉,都是学校教育中的常见问题。针对这些问题,书中都基于真实的教育实践给出了一种"解决问题的实践方案",看似简单的处理,却隐藏着不简单的智慧,细细品味,其核心是心中有"人",有"三个人"。

——朱德江(浙江省嘉兴市南湖区教育研究培训中心主任、正高级教师、特级教师)

我喜欢书中一组高频出现的词:"为什么""是否""调查""建议""相信"。词的背后,是老戴的用心、务实、宽厚与睿智,以及坚守常识、尊重规律、心中有"人"。像母亲的怀胎、生育,老戴奉献出的60个金点子,也非凭空"造"出的,而是"做"出来的,多年"孕育"出来的。读此书,我常想起苏霍姆林斯基,他像气象员观察云层一样,注视着眼前走过的每个孩子;想起民国时刘百川校长,连教室旁痰盂的摆放高度都要仔细测量过……

——王木春(任教于福建漳州东山一中,正高级教师、特级教师)

《简单的力量——引向教育幸福的60个实践智慧》是一部集学生管理、教育教学管理和家校协同管理于一体的力作,好的教育无不回归常识,回归理性,有情怀、有智慧,带着温度落地。纵览全书,没有诸如大概念、大观念、大单元的苍白理论,有的是真正从内心深处关心学生、关爱老师和与家长协同教育的小改变、小细节和小行动。这样的教育管理,接地气,师生喜欢,家长放心,自然而然"引向教育幸福"。

——叶建云[深圳市宝安区实验学校(集团)官田学校正高级教师]

后 记

任勇老师（福建省厦门市教育局原副局长）在我的第二本专著《数学，究竟怎么教》的序言中写道："期待戴老师的第三本书出版。"我以此为鞭策，决心完成第三本书稿。

恰好第二本专著问世后，我到了一所新办校担任校长，至今已七个年头。七年时间里，我所服务的学校经历了从"受援校"到"帮扶校"、"新建校"到"集团牵头校"、"薄弱校"到"优质校"的蜕变。在学校成长的过程中，我经常和老师们分享"曙光视点"。"曙光视点"记录了我办学七年的所思所想，也见证了学校七年的发展变化。

"曙光视点"至今已有100多个学校教育故事，我精心选取了60个编成此书。华东师范大学出版社朱永通老师为本书取名"简单的力量"。

"简单的力量"这书名正合我意，我的第一本专著《简单教数学》就表达了我个人的教育之道"简单"，这60个教育故事也聚焦"简单"的思想。我把60个教育故事整理成三个板块：把学生管理做简单，把专业提升做简单，把家校协同做简单。

学校教育之事无非指向"三个人"：学生、教师与家长，学校管理就在于管好"三个人"，理好这"三个人"之间的事。这本书就是分享如何管好"三个人"和理好"三个人"的事。

管好"三个人"和理好"三个人"的事，需要打开管理思维里的那把"锁"，做好"加减法"的管理文章，"做减法"就是摒弃折腾学生、教师和家长的事情，把学校教育做简单、做高效；"做加法"就是更加关注学校教育活动的育人功能，让学校教育有内涵有深度。这一"加"一"减"彰显教育的本质，让育人工作变得简单而不简单。

《简单的力量——引向教育幸福的60个实践智慧》这本书没有多少教育理论的阐述，更多的是发生在校园里的一个个真实案例与故事，从"人"的角度审视当前的学校教育，以求更好地与教师、家长、学生产生碰撞与共鸣，希望能改变一些校长、教师、家长，进而为学生提供更好的教育。

感谢任勇老师的鼓励，感谢朱永通老师、张正耀老师的督促和点拨，感谢一直以来关心支持我的海沧教育的领导、学校管理团队、与学校一路同行的家长朋友们！因为有你们，才有了我第三个"孩子"——《简单的力量——引向教育幸福的60个实践智慧》的诞生。

戴曙光
2024年5月10日于厦门海沧

图书在版编目（CIP）数据

简单的力量：引向教育幸福的 60 个实践智慧 / 戴曙光著.
— 上海：华东师范大学出版社，2024. — ISBN 978-7-5760-5353-1

I. G635.12

中国国家版本馆 CIP 数据核字第 2024LF0449 号

大夏书系 | 教师专业发展

简单的力量——引向教育幸福的 60 个实践智慧

著　　者	戴曙光
策划编辑	朱永通
责任编辑	万丽丽
责任校对	杨　坤
封面设计	奇文云海·设计顾问
出版发行	华东师范大学出版社
社　　址	上海市中山北路 3663 号　邮编　200062
网　　址	www.ecnupress.com.cn
电　　话	021-60821666　行政传真　021-62572105
客服电话	021-62865537
邮购电话	021-62869887
地　　址	上海市中山北路 3663 号华东师范大学校内先锋路口
网　　店	http://hdsdcbs.tmall.com/
印 刷 者	北京汇林印务有限公司
开　　本	890×1240　32 开
印　　张	8.25
字　　数	177 千字
版　　次	2024 年 9 月第一版
印　　次	2024 年 9 月第一次
印　　数	6 100
书　　号	ISBN 978-7-5760-5353-1
定　　价	65.00 元
出 版 人	王　焰

（如发现本版图书有印订质量问题，请寄回本社市场部调换或电话 021-62865537 联系）